W9-DIS-640

Leyendas de españa

Legends reflecting the history of Spain

Genevieve Barlow

William N. Stivers

Illustrations by George Armstrong

National Textbook Company

NTC a division of NTC Publishing Group • Lincolnwood, Illinois USA

1996 Printing

Published by National Textbook Company, a division of NTC Publishing Group.
© 1983, 1977 by NTC Publishing Group, 4255 West Touhy Avenue,
Lincolnwood (Chicago), Illinois 60646-1975 U.S.A.
Manufactured in the United States of America.

6 7 8 9 ML 9 8 7 6 5 4

Preface

Leyendas de España is for both English-speaking students who have studied Spanish for one or two years and Spanish-speaking students who want more practice in reading Spanish while learning about their rich and varied Hispanic cultural heritage.

In addition, *Leyendas de España* allows students to strengthen basic language skills. The content of each chapter contains a review of previously learned grammar and vocabulary and introduces new words—many of a literary nature—and more advanced grammatical concepts. Side glosses provide explanations to the text and help to increase vocabulary. A helpful Spanish-English Vocabulary can be found at the end of the book.

Following each legend are exercises; some text comprehension, some build vocabulary, and others are just for fun.

The 16 legends in this collection are arranged in chronological order, set in most of Spain's provinces, and cover a time period of roughly one thousand years, beginning with the era of the conquest of Spain by the Moors, in the eighth century, and ending with the close of the eighteenth century. The history of Spain during this time was rather violent, and thus the legends reflect war, intrigue, and death. Still, the warm, humane, and peace-loving aspects of the Spanish character shine through. As you read *Leyendas de España*, it is hoped that you will more greatly appreciate the rich and exciting heritage of the Spanish people.

If you enjoy reading *Leyendas de España*, you will also enjoy its companion books, *Leyendas mexicanas, Leyendas latinoamericanas,* and *Leyendas de Puerto Rico,* each containing 16 legends from their respective areas of the Spanish-speaking world, especially adapted for intermediate students and native Spanish-speakers who wish to learn more about their own cultural heritage.

Índice

Lémor de Irlanda

En España hay tres provincias vascongadas ° *que* **vascongadas** Basque
se llaman Guipúzcoa, Vizcaya y Alava. Se cree que
los habitantes son descendientes ° *de pueblos primi-* **descendientes** descendants
tivos que antes vivían en Francia y España. La lengua
vasca ° *es difícil de aprender; no se parece a ninguna* **vasca** Basque
otra lengua. La gente es industriosa, independiente,
sencilla y valiente. Uno de sus juegos favoritos es el jai-
alai. Se dice que los marineros de estas provincias son
los mejores de España.

Hace muchos años había en Irlanda ° un buen rey **Irlanda** Ireland
que se llamaba Morna. Todo el pueblo amaba al rey y
a sus dos hijos, Lémor y Armín, jóvenes buenos y
nobles.

Una mañana el rey y los príncipes, ° acompañados **príncipes** princes
de muchos criados, salieron a cazar jabalíes ° que **jabalíes** wild boars
abundaban en el bosque cercano. ° El rey y unos **cercano** nearby
criados entraron por un lado del bosque y los
príncipes y otros criados por otro. De pronto Lémor,
el hijo mayor, gritó:

—Ahí va un jabalí, cerca de esos robles ° grandes. **robles** oaks
En seguida ° la flecha de Lémor fue volando en **En seguida** Right away
aquella dirección. Él, Armín y los criados fueron en
busca del animal. Pero la flecha no tocó al jabalí. Al
acercarse ° a los robles oyeron un grito de agonía y **Al acercarse** On drawing near
vieron al rey tendido ° en el suelo. La flecha estaba **tendido** stretched out
hundida ° en el pecho ° del rey Morna. Momentos **hundida** sunk
después, murió. Todos lloraban tristemente la trage- **pecho** chest
dia. El dolor de Lémor era inconsolable. ° **inconsolable** inconsolable
Al volver todos al castillo, se reunieron los an-
cianos jefes. Después de hablar largas horas,
llamaron a Lémor, el príncipe, y le dijeron:

—Lémor, contra la voluntad ° de usted, su flecha
ha matado a su querido padre. Por eso, Armin, su
hermano menor, será el rey de nuestra patria en vez
de ° usted. Y mañana usted, con dos de sus criados,
saldrán ° de Irlanda en un pequeño barco. ¡Que un
buen viento le acompañe ° y que el Cielo le guíe! °

A la mañana siguiente, muy temprano, el
príncipe y sus criados salieron. Tristes y fatigados,
pasaron muchos días en el mar.

Al fin, Lémor vio tierra. Al llegar él y sus criados,
quedaron impresionados. ° Vieron que la tierra era
tan verde y hermosa como Irlanda.

Afortunadamente habían llegado a la tierra de los
vascongados, gente amable y generosa. Al ver a los
extranjeros ° en la playa, hombres y mujeres
abandonaron su trabajo y corrieron a ofrecerles
ayuda. Lekobide, el caudillo, ° al saber quiénes eran,
les ofreció una segunda patria. Cada uno fue llevado
a la casa de una familia hospitalaria ° donde podía
vivir como miembro de la familia. Lémor, siendo °
príncipe, fue invitado a ser huésped ° del caudillo y su
familia.

Todos estaban contentos con su nueva familia,
especialmente Lémor. Se había enamorado de la hermosa hija del caudillo y con el permiso de él, quería
casarse con ella.

En el día de la boda, Lekobide cayó gravemente
enfermo. ° Como doble tragedia, aquel día también
los centinelas avisaron que los asturianos, ° sus enemigos del este, ° venían en son de guerra ° avan-
zando rápidamente.

—¿Qué vamos a hacer sin Lekobide?— gritaron
todos. Eran valientes los soldados vascongados,
pero necesitaban un buen caudillo.

Desde la cama Lekobide les dijo:

—Han pasado muchos años desde las últimas
guerras y ahora soy anciano y estoy enfermo. No
puedo seguir siendo ° su caudillo. Pero tengo la
solución. Lémor, quien ahora es mi yerno, ° lleva
sangre noble en sus venas, él será el caudillo.

voluntad	will
en vez de	instead of, rather than
saldrán	will leave
acompañe	accompany
guíe	guide
impresionados	impressed
extranjeros	strangers, foreigners
caudillo	leader
hospitalaria	hospitable
siendo	being
huésped	guest
cayó ... enfermo	became seriously ill
asturianos	Asturians
este	East
en son de guerra	with the purpose of waging war
seguir siendo	continue to be
yerno	son-in-law

Al principio, Lémor no quiso aceptar, pero todos insistieron.

—Sí, sí, usted es nuestro caudillo ahora.

Y Lémor, despidiéndose° de su nueva esposa, se puso a la cabeza° de los soldados y todos se lanzaron montaña arriba° contra las tropas de los asturianos. Pronto los vascongados, guiados por Lémor, conquistaron a los asturianos.

Las mujeres vascongadas recibieron con brazos abiertos a los valientes soldados. La esposa de Lémor, llorando de felicidad, gritó con todas:

—¡Que Dios bendiga° a nuestro nuevo caudillo!

Se dice que los descendientes de Lémor y la hija de Lekobide siguieron siendo caudillos, dignos representantes de dos razas nobles.

despidiéndose saying farewell
cabeza head
montaña arriba up the mountain

Qué Dios bendiga May God bless

Ejercicios

A. Termine las frases con las palabras más apropiadas.

1. Los marineros de las provincias vascongadas son
   a) buenos criados.
   b) unos de los mejores del mundo.
   c) ancianos y enfermos.
   d) franceses.

2. El rey y sus hijos salieron a cazar
   a) príncipes.
   b) barcos.
   c) jabalíes.
   d) criados.

3. Para cazar jabalíes, uno va al
   a) bosque.
   b) mar.
   c) río.
   d) caudillo.

4. Lémor se enamoró de
   a) un jabalí.
   b) su barco.
   c) la guerra.
   d) la hija del caudillo.

5. Lekobide ofreció a los extranjeros
   a) pan y mantequilla.
   b) una segunda patria.
   c) volver a Irlanda con ellos.
   d) una guerra.

6. La flecha de Lémor
   a) se cayó a la tierra.
   b) no valía nada.
   c) se rompió.
   d) mató a su padre.

7. Lémor salió de Irlanda con
   a) sus flechas.
   b) su familia.
   c) sus criados.
   d) un caballo.

8. Lémor llegó a la tierra de
   a) África.
   b) los vascongados.
   c) los jabalíes.
   d) los franceses.

9. En el día de la boda, Lekobide
   a) se enfermó gravemente.
   b) salió a cazar.
   c) fue al mercado.
   d) declaró la guerra.

10. Lémor llegó a ser
    a) profesor.
    b) criado.
    c) zapatero.
    d) el caudillo.

B. **¿Cuál de estas palabras no pertenece a las otras?**

1. marinero, zapatero, sombrero, panadero, carpintero
2. provincia, país, ciudad, lengua, patria
3. pecho, brazo, cabeza, mano, leyenda
4. barco, padre, hermano, hija, yerno
5. día, huésped, tarde, noche, mañana
6. guerra, tropas, batalla, paz, conquista

C. **Escoja usted la palabra con el significado contrario:**

1. mujer   a) problema

Leyendas de España

_2. enfermo _bad_   b) andar _walk_
_3. llorar   c) malo
_4. solución   d) fea _b_
_5. tragedia   e) hombre
_6. correr _run_   f) reír _laugh_
_7. tierra   g) mar _beach_
_8. hermosa   h) alegre _happy_
_9. bueno   i) sano _healthy_
_10. bosque   j) indigno _unworthy_
_11. triste   k) bendición
_12. digno _worthy_   l) desierto _desert_

Arrímate a los buenos _If you hang out w/ good_
y serás uno de ellos. _people you'll be 1 of them_

Hombre prevenido. _If someone has_
Nunca fue vencido. _warned you you won't_
be conquered

La profecía de la gitana   2

*A principios del siglo VIII, los moros del norte de
Africa invadieron a España. En sólo siete años
llegaron a dominar casi toda la península excepto
algunos lugares en los Pirineos.° En la parte que hoy
se llama Asturias, vivieron el noble visigodo° don
Pelayo y sus compatriotas. Esta leyenda trata de° la
batalla entre los visigodos y los moros en 718.*

Pirineos Pyrenees
mountains
visigodo Visigoth
trata de deals with

Abd al-Aziz, un príncipe moro estaba muy triste y
con razón. Él acababa de° perder su primera batalla
en el conflicto largo y sangriento° con don Pelayo y
sus soldados. Todos los soldados moros que no mu-
rieron en la batalla fueron hechos prisioneros por
don Pelayo. Sólo el príncipe y su criado habían podido escapar de las manos del enemigo. Ahora ellos
huían° hacia el sur en dirección a una montaña
alta. Allí querían pasar la noche.

acababa de had
just
sangriento bloody

huían were fleeing

    Era tarde y los dos moros estaban casi muertos de
la fatiga. Además° sufrían hambre y sed. Pero no se
atrevían° a buscar ayuda; tenían miedo de ser
descubiertos por el enemigo.

Además Besides
no se atrevían did
not dare

    Después de caminar hasta la noche, llegaron a una
montaña grande donde descubrieron una cueva
inmensa.

    —Vamos a escondernos aquí— dijo el criado.
—Tal vez así nuestros enemigos no nos hallarán.

    —Muy bien— respondió Abd al-Aziz.—Estoy se-
guro de que Alá° va a protegernos,° especialmente si
hay una araña° aquí.

Alá Allah
protegernos to
protect us
araña spider

    El criado miró con sorpresa al príncipe, creyendo
que el pobre estaba loco debido° a las muchas
batallas.

debido due

—No hay que apurarse, amigo. No estoy loco.
Todavía recuerdo bien lo que me dijo una gitana° en
Granada.

gitana gypsy

—¿Y qué le dijo la gitana?— preguntó el criado.

—Ella me dijo: «Algún día una araña te va a salvar
la vida. » Por eso, desde aquel momento nunca he
herido° o matado una araña. ¿Qué cree usted?
¿Hago bien?

herido hurt

Pero el fiel criado no contestó nada. Se durmió en
el suelo de la cueva en una cama de hojas secas. El
príncipe también se acostó y durmió.

A la mañana siguiente los dos hombres se des-
pertaron al oír voces fuertes° y pasos° cerca de su
escondite.° Un grupo de hombres armados se
acercaba a la entrada de la cueva.

voces fuertes loud
voices
pasos footsteps
escondite hiding
place

—¡Los visigodos!— dijo el criado a su señor en voz
baja.

—Vamos a buscar aquí— gritó uno del grupo de
afuera, preparándose para entrar.

—Es inútil— contestó otro.—¡Nadie ha entrado
allí!

—¿Cómo lo sabe usted?

—Hombre, ¿no tiene usted ojos? ¿No ve en la
entrada de la cueva una gran telaraña° que la cubre
de un lado a otro? ¿Por dónde entraría uno?

telaraña spiderweb

Todos miraron la entrada y vieron que había, en
efecto, una telaraña que cubría la entrada de la
cueva.

—Tendremos que ir a confesar a don Pelayo que el
príncipe moro y su criado no aparecen por ninguna
parte— dijo uno de los visigodos.—Son más listos
que nosotros.

El príncipe y su criado, dentro de la cueva, se
miraron° con sorpresa. Les pareció un milagro.°
Durante la noche, una araña había construido
aquella cortina° salvadora° y los dos le debían a la
araña su vida.

se miraron looked
at each other
milagro miracle
cortina curtain
salvadora saving

—Es la araña providencial de que habló la gitana—
dijo el príncipe.—Sin ella estaríamos a estas horas en
poder° del enemigo. ¡Gracias, bendita araña!

en poder in the
power

Ejercicios

A. Termine las frases con las palabras apropiadas.

1. Los moros que invadieron a España vinieron
   a) del sur de África.
   b) de las Islas Baleares.
   c) del norte de África.
   d) de las islas en el Océano Atlántico.

2. Dominaron casi toda España en
   a) siete años.
   b) seis años.
   c) diecisiete años.
   d) un siglo.

3. Un príncipe moro acababa de perder su
   a) palacio.
   b) mano.
   c) caballo árabe.
   d) primera batalla.

4. El príncipe y su criado habían podido
   a) visitar un museo.
   b) escapar.
   c) ir al mercado.
   d) asistir a una fiesta.

5. Estaban huyendo en dirección a
   a) una playa.
   b) un puente.
   c) una montaña.
   d) un río.

6. En la montaña querían
   a) pasar la noche.
   b) gozar de una fiesta.
   c) visitar a sus amigos.
   d) comprar comida.

9

7. Al llegar a la montaña, descubrieron
   a) un río.
   b) dos espadas.
   c) una cueva inmensa.
   d) tropas.

8. El criado miró con sorpresa
   a) a la cueva.
   b) al príncipe.
   c) a la montaña.
   d) sus manos.

9. Una telaraña cubría
   a) al príncipe.
   b) las rocas.
   c) la cabeza del príncipe.
   d) la entrada de la cueva.

10. El príncipe y su criado debían la vida a
    a) los mosquitos.
    b) los jabalíes.
    c) los visigodos.
    d) la araña.

B. Conteste con frases completas.

1. ¿De dónde vinieron los moros? *Ellos vinieron del norte de África.*
2. ¿Cuándo invadieron a España? *Invadieron en España en siglo ocho.*
3. ¿En cuántos años llegaron a dominar la mayor parte de la península los moros? *Siete años llegaron a dominar la mayor parte de la península los moros.*
4. ¿Cuándo fue la batalla entre los visigodos y los moros? *718*
5. ¿Quiénes ganaron la batalla? *visigodos.*
6. ¿Por qué estaba triste el príncipe? *porque ellos perder la batalla*
7. ¿Quiénes habían podido escapar de las manos de los visigodos?
8. ¿Adónde huían? *una montaña alta.*
9. ¿Dónde pasaron la noche el príncipe y su criado? *en la cueva.*
10. ¿Fue realizada la profecía de la gitana? *Sí Príncipe y su criado.*

C. ¿Cuál es el significado contrario de estas palabras?

1. enemigo *enemies*   3. corto *short*
2. norte *north*   4. pequeño *small*

5. nada ~~nothing~~   8. voz baja ~~low voice.~~
6. acostarse ~~lie down~~ 9. entrada ~~entrance,~~
7. muchas ~~many~~   10. inútil ~~useless~~

D. Favor de poner una de estas palabras en el espacio: a, al, con, de, del, sin, en, por, con, entre.

1. El príncipe estaba triste y _con_ razón.
2. Los moros fueron hechos prisioneros _por_ don Pelayo.
3. Esta leyenda trata _de_ la batalla _entre_ los visigodos y los moros.
4. _A_ principios _del_ siglo VIII.
5. Vamos _a_ escondernos aquí.
6. Dormía _en_ el suelo _de_ la cueva.
7. Estoy seguro _de_ que Alá va _a_ protegernos.
8. Miró _con_ sorpresa _al_ príncipe.
9. _Sin_ ella estaríamos _a_ estas horas _en_ poder _del_ enemigo.
10. Los dos le debían su vida _a_ la araña.

La guitarra es de plata;
Las cuerdas de oro;
Y el que está tocando
Vale un tesoro.

El rescate

3

Durante las guerras de Reconquista° cuando los
españoles querían expulsar° a los moros, muchos
señores nobles se distinguieron por sus valerosos°
hechos.° Pero, como siempre, había también algunos traidores. Esta leyenda describe la traición°
de don Pedro y el valor° de don° Artal de Luna y su
hija, doña Jimena.

Reconquista reconquest
expulsar to expel, drive out
valerosos brave
hechos deeds
traición treason
valor bravery
don, doña titles of nobility

Por los años de 1,232 cuando don Jaime I, El Conquistador, era rey de Aragón. Muchos señores muy
valientes° prestaron° sus servicos en favor del rey y
las guerras de Reconquista. Uno de los más valientes
era don Artal de Luna. Era el de los más fieles° y
devotos.° En cambio,° don Pedro Ahones, al ver la
oportunidad, traicionó° al rey y se puso° al lado de
los moros.

Al darse cuenta de° esta traición, don Artal juró°
venganza° y quiso castigar° a don Pedro. Aunque las
fuerzas de don Artal eran inferiores numéricamente
a las de don Pedro, no vaciló.° Los soldados de los
dos nobles pelearon. Don Pedro venció° a don Artal
y lo hizo prisionero.

Era costumbre dar oportunidad a los prisioneros
de pagar un rescate° por su libertad.

—Don Pedro— dijo don Artal, —al fijar° la can-
tidad° del rescate, se lo pagaré.

—Pero, don Artal— respondió don Pedro, —ya he
enviado mensajeros a su castillo con el precio del
rescate. Confío° que su hija lo pagará.

Don Artal sospechó peligro° para su hija pero no
pudo hacer nada.

Cuando doña Jimena, la hija de don Artal, vio a los

valientes brave
prestaron loaned, gave
fieles faithful
devotos devoted
En cambio On the other hand
traicionó betrayed
se puso placed himself
Al darse cuenta de Upon realizing
juró swore
venganza vengeance
castigar to punish
no vaciló did not hesitate
venció conquered
rescate ransom
al fijar on setting
cantidad amount
Confío I trust
peligro danger

mensajeros acercarse° al castillo, supo que su padre estaba en peligro. Uno de los mensajeros entró en el palacio y le dio a doña Jimena un pergamino.° Ella leyó:

Señora mía, doña Jimena,
Su padre tuvo mala suerte° y es mi prisionero.
Le pido a usted su mano a cambio de la vida y libertad de él.

Su constante admirador

Ella no movió ni un músculo de la cara. Esperó un momento y luego le dijo al mensajero:

—Acepto el precio que don Pedro pide por la vida y libertad de mi padre. Pero, como no me fío° de él, deseo ver a mi padre aquí primero y luego, bajo palabra de mi honor, su petición será cumplida.°

El mensajero salió del castillo y volvió al campo de don Pedro con las palabras de doña Jimena. Cuando don Pedro oyó la respuesta, sintió un gozo satánico,° porque todo había sido muy fácil.

El día siguiente, acompañado del mismo mensajero, don Artal fue enviado a su castillo. El pudo ver de lejos a su hija en una de las ventanas de la torre. Don Artal despidió° al mensajero y entró en el castillo. En ese momento, por una puerta de atrás,° salió un coche con las cortinas cerradas.

Cuando el coche llegó al campo de don Pedro, se abrió la puerta y un criado salió. Tenía un cofre° en una mano y un pergamino en la otra. Don Pedro, sorprendido, aceptó el pergamino y comenzó a leerlo:

Don Pedro,
Usted ha cumplido su palabra al dar libertad a mi padre. Su vida vale° más que mi mano.
Se la mando, pero nunca tendrá usted mi corazón.

Doña Jimena

acercarse draw near

pergamino parchment

mala suerte bad luck

no me fío I do not trust

cumplida fulfilled

gozo pleasure

satánico diabolic

despidió dismissed

atrás behind

cofre coffer, box

vale is worth

El rescate

Don Pedro, confuso,° abrió el cofre. Envuelta° en sedas estaba una mano de mujer recién° cortada y todavía sangrienta.°

confuso confused
Envuelta Wrapped
recién recently
sangrienta bleeding

15

Ejercicios

A. Termine las frases con las palabras apropiadas.

1. Por los años de 1.232, don Jaime I
    a)   viajó a Irlanda.
    b)   cazó jabalíes.
    c)   era rey de Aragón.
    d)   peleó en Francia.

2. Don Pedro Ahones traicionó
    a)   a sus padres.
    b)   al rey.
    c)   a su hermanito.
    d)   a su hija.

3. Don Artal quiso
    a)   castigar a don Pedro.
    b)   escapar de España.
    c)   huir a las montañas.
    d)   ser criado.

4. Don Pedro hizo prisionero
    a)   al rey.
    b)   a su padre.
    c)   a su criado.
    d)   a don Artal.

5. Los prisioneros podían pagar
    a)   su libertad.
    b)   su comida.
    c)   sus vestidos.
    d)   su baño.

6. Don Artal sospechó peligro para
    a)   sus caballos.
    b)   sus flechas.
    c)   su hija, doña Jimena.
    d)   su padre.

7. Cuando doña Jimena vio a los mensajeros, supo que
    a) su padre estaba en peligro.
    b) había una fiesta.
    c) su padre había escapado.
    d) don Pedro era un buen amigo.

8. Uno de los mensajeros le dio a doña Jimena
    a) flores.
    b) dinero.
    c) un pergamino.
    d) un vestido.

9. Doña Jimena leyó:
    a) Su padre está contento.
    b) Le pido su mano.
    c) Salgo para África.
    d) Estoy enfermo.

10. Doña Jimena le envió a don Pedro
    a) su corazón.
    b) un anillo.
    c) una hoja seca.
    d) su mano recién cortada.

B. Conteste con frases completas.

1. Durante las guerras de Reconquista, ¿a quiénes querían expulsar los españoles? a los moros
2. ¿Era traidor don Pedro? sí
3. ¿Eran valientes doña Jimena y su padre? sí
4. ¿Quién tomó prisionero a don Artal? Don Pedro
5. ¿Cómo podían obtener su libertad los prisioneros? pagar un rescate
6. ¿Quién le dio a doña Jimena un pergamino? mensajeros
7. ¿Qué pidió don Pedro? Don Pedro pide a pagar un rescate a la mano de Jimena.
8. ¿Qué respondió doña Jimena? Doña Jimena responde si acepta precio
9. ¿Quién envió un cofre a don Pedro? Doña Jimena envió un cofre
10. ¿Qué estaba en el cofre? una mano de mujer recién cortada y todavía sangrienta. a Don Pedro

C. Favor de leer las palabras en la primera columna. Luego, busque las de significado contrario en la segunda columna.

Leyendas de España

B	1.	más	a) muerte
H	2.	abierto	b) menos
G	3.	lejos	c) antes
A	4.	vida	d) tierra
J	5.	olvido	e) guerra
C	6.	después	f) enemigos
D	7.	mar	g) cerca
F	8.	amigos	h) cerrado
E	9.	paz	i) debajo
I	10.	arriba	j) recuerdo

¿Qué es lo que se nos aparece una vez en un minuto, dos veces en un momento y nunca en un siglo?

(la letra m)

El Puente de San Martín en Toledo

4

Toledo, situado a las orillas° del Río Tajo, fue, hace muchos siglos, la capital de España. Ahora es la capital de la provincia de Toledo.

En tiempos pasados, vivía allí gente de varias culturas—cristianos, moros y judíos. Pero Toledo es también famoso por un griego° que adoptó la ciudad como la suya—el bien conocido y famoso pintor, El Greco. Este artista nació en Creta en 1544, pero pasó los últimos años de su vida en Toledo donde murió en 1614.

Hace muchos años, el alcalde de Toledo quiso reconstruir el puente principal de la ciudad. Despachó° mensajeros en busca del mejor arquitecto de aquel tiempo y cuando lo encontró, le explicó que quería el mejor puente de España. El arquitecto tomó muy en serio° su trabajo y duró° mucho tiempo en preparar el plano y en buscar los mejores trabajadores.

Se pusieron a trabajar en la construcción del puente. Todos los habitantes de Toledo estaban contentos y satisfechos° del puente tan fuerte y hermoso que se construía.° Esperaban ansiosamente la terminación del trabajo. Al fin el arquitecto y los trabajadores habían terminado el gran arco y se preparaban para quitar la cimbra° que lo soportaba.°

Esa noche el arquitecto no pudo dormir.

—¿Qué te pasa?— le preguntó su esposa.

—No es nada, querida, duérmete— contestó el arquitecto. Pero sí era algo. Esa tarde al examinar la cimbra, se dio cuenta de° que había cometido un gran

orillas shores

griego Greek

Despachó He sent

muy en serio very seriously
duró took

satisfechos satisfied
se construía was being built

cimbra wooden frame for supporting an arch
soportaba supported
duérmete go to sleep
se dio cuenta de he realized

error. Al quitar la cimbra, él estaba seguro de que iba a caer todo el puente.

—Pero insistió la esposa:

—Yo sé que algo te pasa.° ¿Qué es?

—Mi querida esposa, no sé qué hacer. He hecho un gran error en los cálculos del puente. Sé que se va a caer al quitar la cimbra. ¿Qué me aconsejas?°

—Debes hablar con el alcalde— dijo la esposa, —y explicarle todo.

—Pero no puedo. He hecho algo terrible. Él no comprenderá. Me echará en la cárcel.°

—Esposo mío, es lo único° que puedes hacer.

Cuando apareció la luz del día, el cielo se estaba nublando.° El arquitecto salió de la casa para ir a hablar con el alcalde. Comenzó a relampaguear° y a tronar.° Al llegar a la casa del alcalde, llamó a la puerta. Salió el alcalde y en ese momento se vio un relámpago terrible y después hubo en el cielo el reflejo° de un gran incendio.° Oyeron a la gente gritar:

—¡El puente se enciende!

Y en realidad, el puente se quemaba; el relámpago lo había encendido.

El alcalde y el arquitecto salieron corriendo. Al llegar y ver la situación, el arquitecto sintió° dos emociones—la tristeza y la gratitud. Sintió la tristeza porque todo su trabajo estaba perdido y sintió la gratitud porque no tendría que dar explicación de su error.

A mediodía, el puente quedó en ruinas. Ni° una piedra se quedó sobre otra. El arquitecto no pudo callarse. Tenía que confesar su error al alcalde.

—Señor alcalde, yo tengo la culpa de todo.

Pero el alcalde no quiso creerlo y no le dejó continuar, sino seguía repitiendo:

—El relámpago lo hizo. Tendremos que construirlo otra vez.

El arquitecto acompañó al alcalde a su casa intentando explicarle el error del puente. Al fin, el alcalde, algo molesto,° le preguntó:

pasa is wrong

aconsejas advise

cárcel jail

lo único the only thing

nublando clouding

relampaguear to emit flashes of lightning

tronar to thunder

reflejo reflection

incendio fire

sintió felt

Ni Not even

molesto annoyed

El Puente de San Martín en Toledo

—¿Qué me quieres decir? ¿Por qué insistes tanto?

El arquitecto le explicó todo y esperó la contestación del alcalde.

—Increíble, increíble— repetía el alcalde sorprendido, pero a la vez impresionado por la honradez del arquitecto. —Lo que pasó, pasó— dijo al fin. —Ahora usted empezará de nuevo a construir otro.

Después de expresarle al alcalde su gratitud, el arquitecto corrió a su casa y, abrazando a su esposa, le dijo:

—El nuevo puente será monumento a la buena voluntad del alcalde y a la misericordia del cielo.

honradez   honesty
de nuevo   again

voluntad   will
misericordia   mercy
cielo   heaven

Ejercicios

A. **Termine las frases con las palabras apropiadas.**

1. Toledo está situado
   a) cerca del Río Tajo.
   b) en las orillas del Río Tajo.
   c) en las montañas altas.
   d) en el Río Guadalquivir.

2. Toledo fue adoptado por un pintor llamado
   a) El Greco.
   b) Murillo.
   c) Velázquez.
   d) Goya.

3. El alcalde de Toledo buscaba
   a) un criado.
   b) su yerno.
   c) su esposa.
   d) un arquitecto.

4. El alcalde quiso reconstruir
   a) una capilla.
   b) una catedral.
   c) un puente.
   d) la gruta.

5. El arquitecto despachó
   a) marineros.
   b) descendientes de los iberos.
   c) relámpagos.
   d) mensajeros.

6. El arquitecto tomó mucho tiempo en
   a) visitar otros puentes.
   b) preparar el plano.
   c) viajar a Granada.
   d) hablar con el alcalde.

7. El arquitecto salió para hablar con
   a) el alcalde.
   b) el cura.
   c) sus padres.
   d) un médico.

8. Hubo en el cielo el reflejo de
   a) la luna.
   b) un gran incendio.
   c) un lago inmenso.
   d) la cárcel.

9. El relámpago había encendido
   a) el puente.
   b) la casa del alcalde.
   c) la iglesia.
   d) un establo.

10. —Increíble— repetía el alcalde
    a) con alegría.
    b) tristemente.
    c) sorprendido.
    d) lentamente.

B. Conteste con frases completas.

1. ¿Qué fue Toledo hace muchos siglos? la capital de España.
2. ¿Quién vivía en Toledo en tiempos pasados? El Greco
3. ¿Qué quiso reconstruir el alcalde? el puente principal de la ciudad
4. ¿Quién buscó los mejores trabajadores? el arquitecto
5. ¿Quién no pudo dormir una noche? el arquitecto

El Puente de San Martín en Toledo

6. ¿De qué se dio cuenta el arquitecto? ~~realize~~ que el puente va a caer
7. ¿Cuándo se iba a caer el puente? cuando van a quitar la cambra
8. ¿Cuándo salió el arquitecto de su casa? cuando va a aparecer la luz
9. ¿Quién tenía que confesar su error? el arquitecto
10. ¿Quién iba a construir otro puente? el arquitecto

8. y a trona va a confesar a el alcalde.

C. Favor de cambiar el infinitivo por la forma correcta del presente, del imperfecto o del pretérito.

1. _____(hacer) Hace muchos siglos Toledo _____(ser) era la capital de España.
2. El Greco _____(pasar) pasó los últimos años de su vida en Toledo donde _____(morir) murió en 1614.
3. El alcalde _____(querer) quiso reconstruir el puente.
4. El arquitecto y los trabajadores _____(haber) habían terminado el arco y se _____(preparar) preparaban para quitar la cimbra que lo _____(soportar) soportaba.
5. Yo _____(saber) sé que algo te _____(pasar) pasa. estaba.
6. Cuando la luz del día _____(aparecer) apareció, el cielo _____(estar) _____ nublado.
7. El alcalde no _____(querer) quiso creerlo.

D. Cosas que hacer.

1. Dibuje usted un mapa de España e indique quince ciudades.
2. Para discutir: queda callado
   a) Cuando usted se equivoca, ¿lo admite o se queda callado?
   b) Si usted fuera el arquitecto, ¿admitiría todo al alcalde? ¿Por qué? o ¿Por qué no?
   No porque ~~to el puente era~~ el puente era era.

El sol

Para los hombres, para la flor
el sol es vida, luz y calor.
Y el mundo canta con alegría
cuando él asoma, trayendo el día.

El caballo de Aliatar 5

Se dice que todos los caballos que existen hoy día°
son descendientes de los caballos árabes. No hay
duda de que son muy nobles y amigos de sus dueños.
Esta leyenda tiene que ver° con el caballo de Aliatar,
llamado Leal.° Aliatar fue príncipe moro que vivía
cerca de Córdoba.

hoy día nowadays

tiene que ver has to do
Leal Loyal

Una tarde don Pedro de Gómez, estando en el para-
peto° de su castillo, vio la figura de un hombre que
corría rápidamente hacia él. Venía muy aprisa° y
excitado y al llegar al castillo, don Pedro le preguntó:

—¿Qué pasa? ¿Por qué tanta urgencia?

—Señor— dijo el hombre, —todos los labradores°
han dejado las haciendas° a causa de una invasión de
los moros.

—¡Los moros!— repitió don Pedro. Y sin avisar° a
nadie en el castillo, fue al establo° y ensilló° su
caballo y salió para una de las haciendas más cercanas.°

Sin poner atención° al riesgo,° don Pedro pasó por
un bosque no muy lejos de la hacienda. Los moros
escondidos° lo esperaban y al momento apropiado le
sorprendieron° y lo hicieron preso.° Estos moros
servían al gran príncipe moro Aliatar.

Cuando los moros avisaron al gran Aliatar que don
Pedro estaba prisionero, él vino a hablar con él.

—Don Pedro, don Pedro, ¿por qué se dejó° caer
en mis manos?

—Dígame el precio de mi rescate,° don Aliatar, y
mis hijos se lo pagarán— respondió don Pedro.

—Prefiero su persona a su dinero— contestó Aliatar, con una sonrisa. —Ahora vamos a salir de este
bosque porque pronto va a comenzar a llover.

parapeto parapet

aprisa hurriedly

labradores farmers

haciendas farms

sin avisar without notifying
establo stable
ensilló saddled
cercanas near

Sin poner atención Without paying attention
riesgo risk
escondidos hidden
sorprendieron surprised
preso prisoner

se dejó did you let yourself

rescate ransom

Primero, don Pedro, dé su espada ° a uno de mis soldados.

Don Pedro obedeció y todos se pusieron en camino. Comenzó a llover a cántaros ° y el cielo se puso ° muy negro. En toda la confusión don Pedro y Aliatar se quedaron solos y detrás de los otros. Al instante comprendió don Pedro que se le presentaba una ocasión favorable para salvarse. En un momento inesperado ° tumbó ° a Aliatar de su caballo y pronto le quitó sus armas. ° El fiel caballo, Leal, no se quitó del lado de Aliatar. Montados ° los dos otra vez, volvieron en dirección opuesta ° para evitar a los soldados de Aliatar. Al salir del bosque, los soldados de don Pedro llegaron y los soldados moros que perseguían ° a don Pedro y a Aliatar huyeron. °

—Ahora es usted quien es mi prisionero— dijo don Pedro a Aliatar. —Antes usted se nos ha escapado porque tiene tan buen caballo.

—Sí— comentó Aliatar, acariciando su caballo y hablándole en voz baja ° al oído. ° —No hay como ° mi caballo.

Quedó muy impresionado ° don Pedro. Él sabía muy bien que los moros querían mucho a sus caballos y Leal, el caballo de Aliatar, era de los mejores.

Don Pedro, en un momento de gran compasión, le dijo a Aliatar:

—Don Aliatar, usted y su caballo ya están libres.

Conmovido ° el gran moro, quiso agradecerle ° a don Pedro por su libertad.

—Gracias, mil gracias— dijo Aliatar y luego con un gesto de agradecimiento añadió, —ustedes me han tratado con gran respeto y hasta ° cariño. ° Y se acercó a don Pedro y lo abrazó. Los dos comenzaron a hablar como viejos amigos.

—Usted me ha vencido, y aunque estoy libre, me ha maniatado— ° dijo Aliatar.

—¿Cómo?— preguntó don Pedro.

—Porque ahora usted es mi amigo.

—Sólo he hecho lo que usted merece, ° Aliatar. Usted es uno de los más nobles de su raza.

espada sword

llover a cántaros to rain heavily
se puso became

inesperado unexpected
tumbó knocked off
armas weapons
Montados Mounted
opuesta opposite

perseguían were pursuing
huyeron fled

voz baja whisper
al oído in his ear
No hay como There's nothing like
impresionado impressed

Conmovido Moved

hasta even
cariño affection

maniatado tied the hands

merece deserve

—Le aseguro que mis soldados no volverán a invadir su tierra— dijo Aliatar.

Y al decir esto, Aliatar cogió la brida ° de su fiel caballo, Leal, y se lo presentó a don Pedro.

brida bridle

—Se lo regalo a usted como recuerdo ° de nuestra amistad. °

recuerdo remembrance
amistad friendship

Y don Pedro, conmovido, dijo:

—Y yo le ofrezco mi caballo en cambio. °

en cambio in exchange

Aliatar luego montó el caballo de don Pedro e hizo a Leal la última caricia, exclamando:

—¡Que Alá los guarde!— Y se marchó ° a galope.

se marchó he left

Leal permaneció ° inmóvil, siguiendo con la mirada ° triste a su amo. ° En vano su nuevo amo lo acarició. Leal no quiso comer. No quiso entrar en el establo. Quedó mirando el camino por donde su viejo amo había desaparecido.

permaneció remained
mirada look
amo master

Pasaron días. Leal se enfermó ° y murió. Dicen que murió de tristeza. Vemos que la lealtad ° no se limita a la gente buena.

se enfermó became ill
lealtad loyalty

Ejercicios

A. Termine las frases con las palabras más apropiadas.

1. Se dice que los caballos de hoy son descendientes de los caballos
   a) de las Islas Baleares.
   b) árabes.
   c) del Nuevo Mundo.
   d) de Francia.

2. Aliatar vivía cerca de
   a) Córdoba.
   b) Toledo.
   c) las provincias vascongadas.
   d) Mallorca.

3. Había una invasión de
   a) mosquitos.
   b) cuervos.
   c) moros.
   d) burros.

4. Sin avisar a nadie, don Pedro
   a) fue al parapeto.
   b) fue al establo.
   c) acarició su caballo.
   d) se bañó.

5. Don Pedro pasó por
   a) un bosque.
   b) un jardín.
   c) la cocina de su casa.
   d) la catedral.

6. Pronto va a comenzar a
   a) llover a cántaros.
   b) llover un poco.
   c) hacer sol.
   d) hacer viento.

7. Aliatar contestó a don Pedro
   a) con una sonrisa.
   b) llorando amargamente.
   c) con una canción.
   d) con la mano.

8. Aliatar quiso agradecer a don Pedro
   a) el dinero.
   b) su libertad.
   c) los cerdos.
   d) el cuervo.

9. Los dos comenzaron a hablar
   a) como hermanos.
   b) como piratas.
   c) como viejos amigos.
   d) como mujeres.

10. Leal no quiso entrar
    a) en la cueva.
    b) en el establo.
    c) en el lago.
    d) en la casa.

B.   Conteste con frases completas.

1.   ¿Cómo se llamaba el caballo de Aliatar? Leal
2.   ¿Qué vio una tarde don Pedro de Gómez? un hombre
3.   ¿Quiénes habían dejado las haciendas? ¿Por qué? labradores
4.   ¿Quiénes estaban escondidos en el bosque? los moros
5.   ¿A quién servían los moros? Aliatar
6.   ¿Quién tumbó a Aliatar de su caballo? Don Pedro
7.   ¿Quiénes huyeron? Aliatar
8.   Ahora, ¿quién es el prisionero de don Pedro? aliatar
9.   ¿Quiénes querían mucho a sus caballos? moros,
10. ¿Qué pasó a Leal? murio porque de tristeza
     3porque.

C.   Escriba la palabra correcta en el espacio: a, al, de, del, hacia, para, por, sin, con.

1.   Los caballos son descendientes _de_ los caballos árabes.
2.   Esta leyenda tiene que ver _con_ el caballo de Aliatar.
3.   Aliatar vivía cerca _de_ Córdoba.
4.   Un hombre corría _hacia_ él.
5.   Ha salido _a_ causa _de_ una invasión _de_ moros.
6.   Don Pedro salió _por_ una _de_ las haciendas.
7.   Los moros avisaron _al_ gran Aliatar.
8.   _Sin_ poner atención _al_ riesgo, don Pedro pasó _por_ el bosque.
9.   Aliatar contestó _con_ una sonrisa.
10. _al_ decir esto, se marchó _a_ galope.

D.   Cosas que puede hacer.

1.   Nombrar diez animales o insectos.
2.   Nombrar los estados de los Estados Unidos que tienen nombre español. (Hay diez.)

1 gato 2 perro 3 elefante, 4 pez 5 cebra.
6. pajaro 7 leon 8. puerco· 9. pato (duck)
10 oso

1. New mexico 2. California. 3.

29

La mujer guerrera 6

Andalucía, la parte de España más morisca° por su posición geográfica, es también la fuente° de muchos cuentos fantásticos. Se dice que la combinación de elementos moriscos y la imaginación española han producido las leyendas más interesantes de toda España porque, según algunos, son la verdad. A veces la verdad es más fantástica que lo imaginado.°

morisca Moorish

fuente source

lo imaginado that imagined

Hace muchísimos años, vivía en Andalucía un conde° que no tenía ningún hijo. En cambio, su esposa, la condesa, le había dado siete hijas.

El pobre conde se desesperaba° porque el rey acababa de declarar una guerra contra los moros y había publicado este mandato:°

Cada noble tiene que contribuir un hijo suyo como capitán de ejército.°

—No se apure,° padre— dijo su hija Catalina, la más joven y la más bonita de sus hijas. —Yo me vestiré° de hombre° y mandaré las tropas.

—Pero tus manos son muy blancas y delicadas para ser las de un capitán— dijo el conde.

—Muy pronto el sol cambiará su color y estarán morenas.

—Notarán en tu forma que eres mujer, hija mía.

—Yo usaré la armadura° de tal modo° que nadie lo notará, padre.

Entonces el padre le dio un caballo, armadura, una lanza,° un casco,° un escudo° y unos guantes de malla.°

conde Count

se desesperaba despaired

mandato command

ejército army

se apure worry

me vestiré will dress myself
de hombre as a man

la armadura armor
de tal modo in such a way

lanza lance, spear
casco helmet
escudo shield
malla mail, mesh

31

El conde luego la presentó a las tropas como su sobrino,° don Martín de Aragón. En poco tiempo ella y las tropas salieron para la guerra.

Catalina era valiente y dura° en la batalla. Pero cuando se acostaba en su tienda° de noche, lloraba sin consuelo° por haber visto a tantos hombres heridos° y muertos.

Un día hubo una gran batalla. En la parte más difícil de la lucha,° vio Catalina a un caballero, a la cabeza° de las tropas. Él gritaba:

—¡Santiago, cierra, Santiago!—° Y se lanzaba° como un relámpago sobre un grupo de moros. Pero el caballero no había visto que detrás de él venía un batallón de moros. En aquel momento Catalina, con sus soldados, fue a su ayuda. Ella llegó junto al caballero a tiempo de verlo caer herido. Ella lo recogió° en los brazos.

Los soldados lo llevaron a su tienda. Catalina lo cuidó° con mucha atención. Afortunadamente las heridas° del caballero no eran mortales y pronto recobró° la salud.° Catalina descubrió que el capitán herido era el hijo del rey.

Pero el hijo del rey estaba turbado° por los ojos de Catalina y las suaves manos de mujer. Por eso, cuando recobró la salud, fue a hablar con su madre, la reina, y le dijo:

—Querida madre, estoy turbado porque me parece que los ojos y las manos de don Martín no son de hombre sino° de mujer.

—Debes invitar a don Martín a acompañarte a la feria.° Si es una mujer, irá° a mirar los vestidos.

Pero, don Martín, siendo discreto, fue a mirar las armas. Tomando en la mano un puñal,° dijo:

—¡Qué maravilloso puñal es éste para pelear° contra los moros!

Luego el hijo del rey fue con su madre a contarle lo que había pasado.

—¿Cómo voy a hacer para probar que don Martín es mujer?

—Yo sé lo que debes hacer. Puedes invitar a don

sobrino	nephew
dura	hard, tough
tienda	tent
consuelo	comfort
heridos	wounded
lucha	fight
cabecera	head
Santiago . . .	grito de guerra de los españoles antiguos
se lanzaba	threw himself
recogió	caught, picked up
cuidó	took care of
heridas	wounds
recobró	recovered
salud	health
turbado	disturbed
sino	but
feria	fair
irá	she will go
puñal	dagger
para pelear	for fighting

Martín a bañarse en el río con algunos de los soldados.

Cuando don Martín recibió la invitación, dijo que no podía aceptar. Su padre estaba muy enfermo y él tenía que ir a casa inmediatamente.

Don Martín recibió permiso del rey para ir a casa para estar con su padre enfermo. Al despedirse, ella le dijo al rey:

—Adiós, buen rey. Quiero confesar ahora que por dos años le ha servido una mujer. Lo hice porque mi padre no tiene hijos. Y lo he hecho con mucho orgullo. ¡Que viva el rey! °

El hijo del rey oyó la conversación y, montando a su caballo, corrió tras ° ella. Pero el caballo de don Martín llegó primero al palacio del conde.

El conde estaba muy contento. Sabía que por medio de su hija, él había cumplido ° con su deber. °

El príncipe, llegando a la puerta del castillo, llamó y preguntó por don Martín. Salió Catalina a recibirlo. Y él, dándose cuenta de quién era, se enamoró de ° ella instantáneamente. Y, dirigiéndose ° al conde, le pidió la mano de ella en matrimonio.

Se dice que esta pareja ° vivió feliz por muchísimos años.

¡**Que viva ...!**
  Long live . . .

tras after

cumplido complied
deber duty

se enamoró de fell
  in love with
dirigiéndose direct-
  ing himself

pareja couple

Ejercicios

A. Termine las frases con las palabras más apropiadas.

   1. El padre de la mujer guerrera tenía
       a) dolor de cabeza.
       b) un hijo.
       c) siete hijas.
       d) solamente una hija.

   2. Catalina tenía
       a) la nariz grande.
       b) las manos blancas.
       c) los pies pequeños.
       d) ojos amarillos.

3. Las heridas del caballero
   a) no eran mortales.
   b) cubrían su cuerpo.
   c) fueron vendadas por él mismo.
   d) eran mortales.

4. El hijo del rey sospechaba que
   a) don Martín era moro.
   b) don Martín tenía dos hermanas.
   c) don Martín estaba enfermo.
   d) don Martín era mujer.

5. Don Martín
   a) Se bañó con los otros soldados.
   b) fue a la feria para mirar los vestidos.
   c) confesó al rey que era mujer.
   d) tenía muchos hermanos.

6. Cuando se acostó de noche, Catalina
   a) leyó novelas.
   b) escribió cartas.
   c) lloró amargamente.
   d) planeó batallas.

7. En la batalla, Catalina
   a) durmió.
   b) peleó valientemente.
   c) se perdió.
   d) cantó.

8. Los soldados llevaron al hijo del rey
   a) a la fiesta del conde.
   b) a las tiendas del enemigo.
   c) a la feria.
   d) a la tienda de don Martín.

9. Catalina tenía que ir a su casa porque su padre
   a) estaba enfermo.
   b) quiso cazar.
   c) salió para el Nuevo Mundo.
   d) estaba llorando.

10. El caballo de Catalina
   a) llegó primero.
   b) no comió nada.
   c) se llamaba Leal.
   d) murió en el camino.

B. Ponga estas palabras en orden para formar una frase completa.

1. la de España parte Andalucía. es morisca más *Andalucia, la parte*
2. ningún El tenía no conde hijo. *El conde, no tenía ningún hijo*
3. lo imaginado. la verdad A veces es que fantástica más. *A veces la verdad*
4. Catalina tienda noche se acostaba de Cuando su lloraba sin en consuelo. *cuando se acostaba en su tienda de noche, lloraba*
5. atención. al cuidó Catalina mucha príncipe con
6. mujer. tenía suaves de manos Catalina.
7. pareja por feliz años. vivió muchísimos Esta

1. de España es mas morisca.
3. es mas fantastica que lo imaginado
4. sin consuelo

C. ¿Puede encontrar las cinco cosas que el padre de Catalina le dio a ella? (Todas en línea recta que puede ser diagonal.)

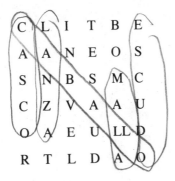

```
C  L  I  T  B  E
A  A  N  E  O  S
S  N  B  S  M  C
C  Z  V  A  A  U
O  A  E  U  LL D
R  T  L  D  A  O
```

(caballo, casco, malla, escudo, lanza)

Las rosas de Casilda 7

Había unos reyes moros muy crueles con los cris-
tianos de España a quienes encerraban° en sus
prisiones. A veces los torturaban.° A algunos no les
daban suficiente para comer. En cambio, había
otros reyes moros muy tolerantes y comprensivos.°
Dejaban a los cristianos vivir en tierras moras en
paz. Pero, esta leyenda tiene que ver con Zenón, uno
de los reyes moros más crueles de Valencia.

encerraban they shut up
torturaban tortured

comprensivos understanding

Zenón, rey moro de Valencia, tenía una hija con
todas las virtudes° de que carecía° su padre. Él era
avaro,° cruel y feroz, mientras su hija era generosa,
amable y compasiva.°

La princesa se llamaba° Casilda. Era una de las
más bellas mujeres de España. Su padre la amaba
tiernamente° y trataba de complacerla° en todos sus
caprichos.°

Pues sucedió° que la princesa, aunque tenía sus
habitaciones en la torre° más alta del castillo, llegó a
oír° por las noches° el eco de los gritos y lamentos de
los cristianos que sufrían en las prisiones del castillo.
Ella le preguntó a su padre:

—Papá, ¿de dónde vienen tantos gritos y
lamentos?

Pero su padre no quiso responder.

Ella también preguntó a sus criadas, pero ellas,
con una expresión de horror, se llevaron° un dedo a
los labios.°

—No pregunte más, princesita— dijeron ellas.

Casilda no preguntó más, pero de día y noche tenía
sólo un deseo—el deseo de descubrir el secreto de
ese ruido° de sufrimiento.°

virtudes virtues
carecía lacked
avaro stingy
compasiva compassionate
se llamaba was called
tiernamente tenderly
complacerla to satisfy her
caprichos whims
sucedió it happened
torre tower
llegó a oír happened to hear
por las noches at night

se llevaron they put
labios lips

ruido noise
sufrimiento suffering

Cuando era noche, se levantó de la cama silenciosamente y bajó la gran escalera hacia ° donde venía el ruido de lamentos. Dos soldados moros estaban delante de una puerta de la prisión. La princesa sacó dos monedas ° de oro y dio una a cada uno y dijo:

hacia toward

monedas coins

—Alá ° y paso franco ° que soy la princesa Casilda.

Alá Allah
paso franco open up

Los soldados aceptaron las monedas y abrieron la puerta. Ella entró. Pero quedó horrorizada al ver a tanta gente—hombres, mujeres y niños—sin lo suficiente ° para comer, unos enfermos, otros moribundos. ° Entonces Casilda comprendió que por su religión estaban en las prisiones. Salió corriendo a sus habitaciones y lloró toda la noche.

lo suficiente enough
moribundos dying

A la mañana siguiente fue a hablar con su padre.

—Papá, ahora sé de dónde sale ese ruido de lamentos que oigo todas las noches. Si usted me quiere, ¿por qué no suelta ° a los cristianos?

no suelta don't you free

—¡Cállate! ° ¡Sal ° de aquí! No digas ° más o morirás.

Cállate Shut up
Sal Leave
No digas Don't say

La princesa no pudo creer las palabras de su padre. Llorando inconsolablemente llegó a sus habitaciones y decidió ayudar a los cristianos.

Desde aquel día llevaba dentro de su delantal ° abundante comida para los prisioneros y monedas para los soldados moros.

delantal apron

Una mañana cuando iba Casilda a la prisión con su delantal lleno ° de comida, encontró al rey, su padre.

lleno full

—Buenos días, hija. ¿Adónde vas tan temprano y con tanta prisa?— dijo el rey, tratando de esconder el odio ° que sintió ° por Casilda.

odio hate
sintió he felt

—Papá— contestó la hija, —usted siempre me ha dicho que los jardines son más bellos por la mañana y hoy fui ° a verlos.

fui I went

—Y el aire de la mañana ha puesto ° las más bellas rosas en tu cara— dijo el rey.

ha puesto has put

Iba la princesa a continuar su camino cuando el rey notó el gran bulto ° que llevaba Casilda en su delantal.

bulto bundle

—¿Qué llevas ahí dentro de tu delantal? ¿Es algo para los prisioneros? ¡Responde!

Y la princesa, sin vacilar° un momento, esperando la ira° de su padre, volteó° y abrió el delantal. Un ramillete° de rosas blancas y amarillas càyó al suelo. El rey, viendo la cara de sorpresa de su hija, se dio cuenta del milagro.

Abrazó a su hija y le dijo llorando:

—Hoy mismo daré libertad a todos los prisioneros y voy a firmar° un tratado° de paz con los cristianos.

sin vacilar without hesitating
ira anger

ramillete bouquet

volteó - turn

firmar to sign
tratado treaty

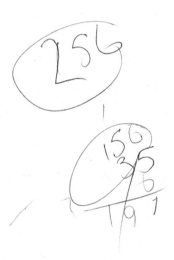

39

Ejercicios

A. Termine las frases con las palabras más apropiadas.

1. Había unos reyes moros muy crueles con
   a) los animales.
   b) los cristianos.
   c) los alemanes.
   d) los moros.

2. Esta leyenda tiene que ver con
   a) uno de los reyes más crueles.
   b) un estudiante pobre.
   c) una princesa cruel.
   d) un jardín de violetas.

3. La princesa era
   a) avara.
   b) compasiva.
   c) feroz.
   d) prisionera cristiana.

4. Por las noches, Casilda oía
   a) gritos de los cristianos.
   b) el viento.
   c) un ruido feliz.
   d) las campanas.

5. La princesa bajó
   a) una montaña.
   b) de un árbol.
   c) una escalera.
   d) de un caballo.

6. Casilda dio a los soldados
   a) monedas de oro.
   b) comida.
   c) fruta.
   d) una rosa.

7. Los soldados
    a) cantaron una canción.
    b) cerraron las ventanas.
    c) abrieron la puerta.
    d) se durmieron.

8. La princesa llevaba la comida en
    a) su delantal.
    b) las manos.
    c) su sombrero.
    d) la boca.

9. Los jardines son más bellos
    a) durante la lluvia.
    b) por la tarde.
    c) por la mañana.
    d) a mediodía.

10. Del delantal de Casilda cayeron
    a) libros.
    b) joyas.
    c) rosas.
    d) torres.

B. Conteste con frases completas.

1. ¿Quién era bella y amable? Princesa Casilda
2. ¿Dónde tenía la princesa sus habitaciones? Valencia Torre mas alta
3. ¿Dónde estaban los cristianos? Tierras moras.
4. ¿Quiénes dijeron: —No pregunte más? criadas, el secreto
5. ¿Cuál era el único deseo de Casilda? a descubrir el secreto
6. ¿Dónde estaban los dos soldados? delante de una puerta
7. ¿Por qué gritaron los prisioneros? Porque estaban muriendos
8. ¿Qué decidió hacer Casilda? traes comida por los prisioneros
9. ¿Quién sintió odio por Casilda? su padre
10. ¿Cuál fue el milagro? de sufrimiento.

5 de ese cuado de sufrimiento
6 Esta prisión eran enferman.
13 sin comer eran enferman.

C. ¿Cuál es el infinitivo de estos verbos?

Leyendas de España

1.	viendo	6.	llorando	11.	abrieron
2.	cayó	7.	iba	12.	soy
3.	dijo	8.	sintió	13.	había
4.	abrazó	9.	estuvieron	14.	era
5.	llevaba	10.	dio	15.	vas

(handwritten margin annotations: vender, caer, decir, abrazar, llevar; llorar, ir, sentir, estar, dar; abrir, ser, haber, ser)

D. ¿Indican estas palabras una persona, una cosa o un edificio?

1.	soldado	6.	delantal	11.	sobrina
2.	indio	7.	torre	12.	zapatero
3.	puente	8.	artista	13.	museo
4.	anillo	9.	jardín	14.	caminante
5.	hija	10.	convento	15.	rey

(handwritten answers: 1. persona/cosa, 2. una persona, 3. un edificio, 4. una cosa, 5. una persona, 6. un apron/una cosa, 7. un edificio, 8. una persona, 9. una cosa, 10. un edificio, 11. una persona, 12. una persona, 13. un edificio, 14. una persona, 15. una persona)

La capa del estudiante
parece un jardín de flores,
toda llena de remiendos
de diferentes colores.

El misterio de las joyas perdidas

España siempre ha producido muchas obras de arte en oro y plata. Sus artesanos ° son unos de los mejores del mundo. Combinando esta arte con joyas ° preciosas, han producido joyería que por los siglos, ha sido reconocida como única e impresionante. ° Sobresalen ° en arte religioso.

artesanos artisans

joyas jewels

impresionante impressive
Sobresalen They are outstanding

Durante el reinado de Felipe IV y la reina Isabel, todo el mundo decía que las mujeres de la corte española eran las más bonitas del mundo. Entre ellas servía la Condesa de la Peña. El Conde de la Peña había peleado en los Países Bajos ° y volvió a España gravemente herido. ° Después de una semana, murió, dejando a su esposa viuda ° y triste.

Países Bajos Netherlands
herido wounded
viuda widow

Para poder olvidarse de su tristeza, la condesa le pidió permiso a la reina para alejarse ° de la corte con el fin de pasar el resto de sus días en la soledad. ° La reina, naturalmente, se lo concedió. °

alejarse to leave
soledad solitude
se lo concedió granted it to her

Al despedirse de la condesa, la reina se quitó del pecho ° un broche ° de brillantes ° en forma de una cruz y lo prendió ° en el vestido de la condesa como un recuerdo para su noble y desdichada ° amiga.

pecho breast
broche pin
brillantes sparkling stones
prendió pinned
desdichada unhappy
retiro retirement

La condesa llevó una vida de absoluto retiro. ° Cuando salía de su casa, sólo la acompañaba su sirvienta, Catalina.

Aunque la condesa poseía muchas joyas valiosas, no las volvió a usar más, con excepción de los anillos matrimoniales de ella y de su esposo y la cruz de brillantes, regalo ° de la reina.

regalo gift

Sucedió que cierto día al regresar la condesa a sus cuartos después de haberse desayunado, se quitó °

se quitó took off

los anillos para lavarse las manos y en inexplicable °
olvido, no se los volvió a poner. Unas horas más
tarde, al darse cuenta, regresó a su lavatorio. Éste
estaba junto a una pequeña ventana de su dormitorio. ° Notó con sorpresa que el anillo que tenía
grabado ° el nombre de su esposo había
desaparecido.

Buscó cuidadosamente en todos los lugares que
presumía que podía haberlo dejado. Por fin, tuvo que
darse por vencida. °

Llamó a Catalina y le contó lo que había sucedido
y juntas siguieron buscando sin ningún resultado.

Dos meses más tarde, otras joyas desaparecieron
—entre ellas, la preciosa cruz de brillantes, regalo de
la reina. La condesa llamó a Catalina, que era la
única criada. Ella negó haberla tomado. °

La pobre muchacha, de rodillas y hecha un mar de
lágrimas, ° protestaba de su inocencia. Pero la
condesa no la creyó. Fue avisado el juez ° y la pobre
Catalina fue encerrada en la cárcel.

Pasaron varios meses y cierto día unos muchachos
estaban jugando en la calle frente a la casa de la
condesa. Ellos oyeron un chillido ° raro y mirando de
dónde venía el ruido, vieron un cuervo, ° posado ° en
el techo de la casa. Tenía algo brillante en el pico. °
Uno de los muchachos cogió una piedra y se la tiró
con tanta fuerza y puntería ° que dio ° precisamente
en la cabeza del pobre pájaro y el cuervo se cayó al
suelo inmediatamente. Todos fueron a verlo y un
muchacho gritó:

—¡Miren, es un cuervo y tiene algo en el pico!

El pájaro tenía la preciosa cruz de brillantes. Los
muchachos, como todo habitante de la ciudad, sa-
bían lo que había pasado antes e inmediatamente
levantaron el cuervo, que todavía tenía la cruz en el
pico, y lo llevaron a la condesa. Al ver lo que traían
los muchachos, se dio cuenta de que el cuervo había
robado la cruz y no Catalina. Se desmayó, ° diciendo:

—Catalina, Catalina, pobre Catalina.

La condesa, tan pronto como ° pudo, mandó avisar
al juez que fue un cuervo el que robó la cruz. La

inexplicable unexplainable

dormitorio bedroom
grabado engraved

darse por vencida to give up

negó...tomado denied having taken it
hecha...lágrimas sobbing bitterly
juez judge

chillido shriek
cuervo crow
posado perched
pico beak
puntería aim
dio hit

se desmayó she fainted

tan pronto como as soon as

44

condesa misma fue a la cárcel para sacar a Catalina.
De rodillas, la condesa le pidió perdón, ° diciendo:

—Catalina, yo te he acusado injustamente. No quiero vivir sin tu perdón.

pidió perdón asked forgiveness

—Señora— respondió Catalina, —sé que usted no lo hizo a propósito. ° Yo he sufrido mucho, pero le perdono.

a propósito on purpose

La condesa llevó a Catalina a la casa.

Mientras tanto, encontraron el nido ° del cuervo donde vieron, además del anillo del señor conde, otras alhajas, ° monedas y muchas otras cosas que provocan la fascinación de esta clase de ave. ° Es bien sabido que tienen la tendencia de llevarse y ocultar ° en sus nidos todo objeto que brilla. °

nido nest

alhajas jewels

clase de ave kind of bird

ocultar to hide
brilla shines
mitad half

La condesa decidió dar la mitad ° de su fortuna a Catalina y las dos llegaron a ser muy buenas amigas.

Ejercicios

A.   Termine las frases con las palabras más apropiadas.

1.   España ha producido joyería
    a)   impresionante y única.
    b)   fea.
    c)   de poco valor.
    d)   como todos los otros países.

2.   El conde de la Peña había peleado
    a)   en las Islas Baleares.
    b)   en Francia.
    c)   en los Países Bajos.
    d)   en Irlanda.

3.   La esposa del conde estaba
    a)   alegre.
    b)   triste.
    c)   feliz.
    d)   contenta.

4. La condesa pidió permiso a la reina para
   a) entrar en un convento.
   b) hacer un viaje a Creta.
   c) hacer visitas en Granada.
   d) alejarse de la corte.

5. La reina le dio a la condesa
   a) un anillo.
   b) un broche.
   c) una bolsa.
   d) un cuervo.

6. La sirvienta de la condesa se llamaba
   a) Antonia.
   b) Isabel.
   c) Luisa.
   d) Catalina.

7. La condesa se quitó los anillos para
   a) lavarse las manos.
   b) bailar el tango.
   c) cantar.
   d) dormir.

8. Catalina
   a) salió para Valencia.
   b) fue encerrada en la cárcel.
   c) no perdonó a la condesa.
   d) compró zapatos verdes.

9. Fue el cuervo el que había
   a) robado la cruz.
   b) comido los dulces.
   c) dormido en la cama.
   d) llorado amargamente.

10. La condesa y Catalina llegaron a ser
    a) enemigas.
    b) estudiantes.
    c) guerreras.
    d) buenas amigas.

Conteste con frases completas.

1. ¿Quiénes sobresalen en arte religioso? Los artesanos
2. ¿Quién fue la esposa del Rey Felipe IV?
3. En la leyenda, ¿quién es la viuda? la condesa del Rey Felipe IV
4. ¿Qué clase de broche recibió la condesa?
5. ¿Cuál fue la primera cosa que desapareció? el anillo de su esposo
6. ¿Quién protestó de su inocencia? Catalina
7. ¿Dónde fue encerrada Catalina? en la cárcel
8. ¿Quiénes oyeron un chillido raro? los muchachos
9. ¿Dónde estaba el cuervo? en frente de la casa de la condesa
10. ¿Qué encontraron en el nido del cuervo? el anillo del señor conde, otras alhajas, monedas y muchas otras cosas

C. **Favor de leer las palabras en la primera columna y buscar las de significado contrario en la segunda columna.** que provocan la fascinación

h	1. dar	a)	reír
e	2. olvidar	b)	hallar (find)
a	3. tristemente	c)	después de
j	4. llorar (cry)	d)	contestar
i	5. subir	e)	recordar
b	6. perder	f)	nuevo
d	7. preguntar	g)	ninguno
f	8. viejo	h)	recibir
g	9. alguno	i)	bajar
c	10. antes de	j)	alegremente

D. **Escriba el nombre que tiene relación con cada infinitivo. (Ejemplo: per-donar—perdón)**

canción 1. cantar	7. trabajar	13. caminar
2. pasar	8. nombrar vestido 14. vestir
entrada 3. entrar	9. gritar	15. enfermarse
4. regalar	10. mirar	16. cuidar
invitación 5. invitar respuesta 11. responder	17. estudiar
viaje 6. viajar saludo 12. saludar	18. llegar

La experiencia
Es madre de ciencia.

No es oro todo lo que reluce.

La vieja de la candela 9

Don Pedro I (1334–1369), hijo y sucesor de Alfonso XI, fue proclamado Rey de Castilla y León en 1350. El joven rey fue llamado El Cruel por sus enemigos y El Justiciero ° por sus amigos. Su reinado estuvo marcado por constantes guerras civiles.

justiciero one who vigorously upholds justice

Era una noche oscura en Sevilla. No se oía ningún ruido en la calle angosta. ° Todos los vecinos dormían ya, sin duda, menos una viejecita que vivía sola en una casita muy pobre.

angosta narrow

De repente, ° se oyó el choque ° de unas espadas en la esquina de la calle. Poco después, una voz gritó en agonía:

De repente suddenly
choque clash

—¡Dios me ayude! ¡Me muero!

La viejecita cogió el candelero ° y fue a una ventana abierta del cuarto. Por la débil luz de la candela pudo ver a un hombre tendido en las piedras de la calle. Su cuerpo estaba cubierto ° de sangre. A su lado estaba parado un hombre alto y fuerte con una espada en la mano. La luz de la candela iluminó la cara del asesino.

candelero candlestick

cubierto covered

En ese momento la viejecita decidió retirarse ° de la ventana, pero con mala fortuna, la candela se le cayó a la calle. La viejecita se escondió detrás de las cortinas de la ventana para escuchar. Pronto oyó las pisadas ° del asesino, y el ruido, que ya conocía bien, de las armas que sólo a ciertas personas se les permetía ° usar.

retirarse to draw back

pisadas footsteps

se permitía were permitted

Por ese ruido tan extraño, ella sabía que el asesino era el caballero que pasaba todas las noches a la misma hora debajo de su ventana. La viejecita le había visto más de una vez y sabía quién era.

—¡Santo Dios!— exclamó ella.

Dentro de dos o tres horas pasó por allí una ronda° de vigilancia. Inmediatamente los guardias dieron al juez la noticia de que se había cometido un crimen. También le dieron la candela que encontraron cerca del cadáver.(body)

ronda patrol

Al día siguiente, el rey Don Pedro llamó al juez y le preguntó:

—Anoche se cometió un crimen en Sevilla, ¿no?

—Sí, señor. La ronda encontró a un hombre muerto de una estocada° y a su lado una candela.

estocada stab

Have you found ¿Ha encontrado al asesino? yet

—Por desgracia no hay ninguna indicación todavía. He trabajado por muchas horas en el asunto.°

asunto matter

—¡Qué estúpido es usted!— exclamó el rey. —¿Y no ha encontrado a ningún testigo?°

testigo witness

—Los vecinos próximos al lugar del crimen dicen que no saben absolutamente nada, ni han oído nada, ni nada pueden decir. Señor, no hay más testigo que una candela y la candela no habla.

—¡Pero, podrá hablar su dueño!° Si esta noche no se sabe° quién es el dueño de la candela, mañana usted mismo va a perder su cabeza.

dueño owner

no se sabe is not known

Una hora después, el juez y la ronda visitaron a toda la gente cerca del lugar del crimen en busca del dueño de la candela. Al fin, llamaron a la puerta de la viejecita.

—¿Reconoce° usted esta candela?— preguntó el juez.

Reconoce Do you recognize

—Sí, es mía— dijo la viejecita asustada.°

asustada frightened

—Entonces usted tiene que ir al palacio con nosotros para hablar con el rey.

La llevaron a un salón grande en el palacio del rey Don Pedro. En ese momento entró una persona envuelta° en una túnica negra. La viejecita, que estaba de espaldas,° oyó sus pisadas y el ruido de sus armas y exclamó:

envuelta wrapped

de espaldas with back turned

—Ése que entra fue él que mató al hombre cerca de mi casa.

Las palabras de la viejecita alarmaron a los

oyentes. Todos exclamaron:

—¿El rey? ¡No es posible!

—Sí, el rey— repitió Don Pedro. —La viejecita dice la verdad. Todas las noches me paseo secretamente por las calles de Sevilla para observar si la ronda está obedeciendo mis órdenes. Anoche cuando un borracho° trató de matarme, yo lo maté. Así fue como yo cometí el crimen.

borracho drunk

—¡Viva° nuestro rey!— gritó la gente en el salón.

Viva Long live

—Como su rey sabe premiar° a quien le sirve bien, voy a dar a esta mujer una bolsa con cien monedas de oro.

premiar reward

La viejecita creyó que estaba soñando° mientras cogía° el regalo.

estaba soñando was dreaming
cogía clutched

Entonces continuó el rey:

—Como ustedes saben, los hombres no pueden castigar° al rey, sólo Dios lo puede hacer.

castigar to punish

Ejercicios

A. Termine las frases con las palabras apropiadas.

1. El reinado de don Pedro I estuvo marcado por
    a)   la paz y la felicidad.
    b)   el descubrimiento del Nuevo Mundo.
    c)   constantes guerras.
    d)   fiestas.

2. Todos los vecinos dormían menos
    a)   una viejecita.
    b)   los estudiantes.
    c)   un arquitecto.
    d)   los perros.

3. De pronto se oyó
    a)   el choque de espaldas.
    b)   el choque de unas espadas.
    c)   el grito de un niño.
    d)   la campana.

4. La viejecita pudo ver a un hombre
    a)   por la débil luz de la candela.
    b)   por la luz de la luna.
    c)   por un incendio.
    d)   por el relámpago.

5. Se cayó la candela cerca del
    a)   cuervo.
    b)   cadáver.
    c)   zapato.
    d)   árbol.

6. No hay más testigo que
    a)   una cabeza.
    b)   una araña.
    c)   una candela.
    d)   un perro.

7. El juez y la ronda llamaron a la puerta
   a) del alcalde.
   b) de un moro.
   c) de la viejecita.
   d) de una condesa.

8. En ese momento entró
   a) una persona envuelta en una túnica.
   b) un juez vestido de candelas.
   c) un pintor.
   d) la reina.

9. El rey le dio a la viejecita
   a) cien monedas de oro.
   b) su candela.
   c) una espada.
   d) un rosario.

10. Los hombres no pueden castigar al rey, sólo
    a) sus hijos lo pueden hacer.
    b) sus parientes lo castigan frecuentemente.
    b) su esposa lo puede castigar.
    d) Dios lo puede hacer.

B. Conteste con frases completas.

1. ¿Quién fue sucesor de Alfonso XI? Don Pedro I.
2. ¿Había paz durante su reinado? No
3. ¿En qué parte de España está Sevilla? Sur de España.
4. ¿Dónde vivía la viejecita? vivía sola en una casita muy pobre
5. ¿Qué oyó ella en la esquina de la calle? el choque de unas espadas y gritos
6. ¿Qué se cayó a la calle? la candela
7. ¿Quiénes visitaron a toda la gente? el juez y la ronda
8. ¿Adónde fue llevada la viejecita? a el palacio del rey
9. ¿Qué le regaló el rey a la viejecita? cien monedas de oro.
10. ¿Quién puede castigar al rey? Dios

C. Busque en esta leyenda el significado contrario de estas palabras.

1. amigos [enemigas]
2. rico [pobre]
3. cerrada [abierta]
4. joven [vieja]
5. fuerte [débil]
6. ancho [angosta] *wide*
7. reina [rey]
8. lejos de [cerca de]
9. contestó [preguntó]
10. menos [mas]
11. salió [regresó]
12. mujeres [hombre]
13. blanca [negra]
14. mentira [verdad]
15. pocos [muchos]

D. Cambie el infinitivo por forma correcta del pretérito o del imperfecto.

(Ejemplo: *Ser* una noche oscura. Era una noche oscura.)

1. [fue] En el año de 1350, Don Pedro I *ser* proclamado Rey de Castilla y León.
2. [se dormían] [se oyó] Todos los vecinos *dormirse* cuando *oírse* el choque de espadas.
3. [visitaron] Una hora después, el juez *visitar* a toda la gente.
4. [repitió] —Sí, el rey— *repetir* Don Pedro.
5. [cayó] La candela *caerse* a la calle.
6. [doy] El rey *dar* cien monedas de oro a la viejecita.
7. [cubrió] [visto] La sangre *cubrir* el cuerpo del hombre muerto cuando la viejecita lo *ver*.

Cuando yo tenía dinero
Me llamaban don Tomás.
Y ahora que no lo tengo
Me llaman Tomás no más.

Pedro Urdemales

10

Cuando los españoles llegaron al Nuevo Mundo, trajeron° con ellos no sólo su religión y música junto con ° sus artes, industrias y costumbres, sino también sus cuentos y leyendas. Entre los personajes bien conocidos en estas dos clases de narraciones° era el nombre de Pedro Urdemales, un pícaro ° sin igual.

trajeron they brought
junto con along with
narraciones tales, stories
pícaro rogue, rascal

Pedro Urdemales nació en Segovia, España. Por eso, según ° su madre, era puro castellano, aunque llevaba en sus venas la sangre ° de los iberos, ° la de los visigodos, ° y la de los fenicios ° mezclada ° con sangre romana y árabe. Esta mezcla ° de sangre la tuvo sólo por el lado de su madre, pues su padre era alemán. °

según according to
sangre blood
iberos Iberians
visigodos Visigoths
fenicios Phoenicians
mezclada mixed
mezcla mixture
alemán German

La madre de Pedro se llamaba Juana González. Era una mujer bonita. Su esposo la abandonó poco antes del nacimiento° de Pedro. Al nombrar al niño y al recordar que *ur* en alemán significa «causa», la madre indicó que el apellido de su hijo era *Ur de males.* ° El primer nombre de éste era Pedro porque nació en el día de San Pedro. Así es que todo el mundo le llamaba Pedro Urdemales.

nacimiento birth

Ur de males source of troubles

Según la leyenda, Pedro nació con un diente ° de oro. Nadie sabe si es verdad o no. Pero sí se sabe que era un niño extraordinario.

diente tooth

Cuando Pedro tenía sólo cinco años, fue con su padrastro, ° un pastor, ° para ayudarle con las ovejas. ° Al fin de siete años, buscó otro trabajo con un buen vecino rico llamado Remigio Ortiz. Por seis años le sirvió a su patrón, ° ayudándole con el cuidado de los cerdos. °

padrastro stepfather
pastor shepherd
ovejas sheep
patrón master

cerdos pigs

Al fin de este tiempo, Pedro decidió que debía tener más dinero que unos pocos duros ° al mes que recibía del rico señor Ortiz.

duros coins

Así, una mañana fue a un comerciante ° y le preguntó si quería comprar cincuenta cerdos gordos a su patrón.

comerciante businessman

—Sí, con mucho gusto. ¿Cuándo puede entregármelos? °

entregármelos deliver them to me
vendré I will come

—Mañana vendré ° con los cerdos, señor— respondió Pedro. —Pero es necesario venderlos sin cola. ° Mi patrón ha ofrecido las colas a San Carolampio para curarse ° de una calentura. °

cola tail

curarse to become cured
calentura fever

—Está bien— respondió el comerciante que creyó la mentira ° que Pedro le había contado ° acerca de su patrón.

mentira lie
había contado had told

La próxima mañana Pedro cortó las colas de todos los cerdos, guardándolas ° en una bolsa. Luego entregó los cerdos al comerciante y recibió el dinero. Entonces volvió a la hacienda de su patrón. Inmediatamente escondió el dinero en el bosque y plantó las colas en el lodo ° a la orilla de un pequeño lago. Cerca de la orilla también plantó un cerdo que había muerto ° hacía algunos días, ° de manera que sólo se veía la cola.

guardándolas keeping them

lodo mud

había muerto had died
hacía . . . días some days ago
se veía was seen
se . . . ver could be seen

Luego Pedro fue al patrón a contarle que los cerdos habían caído en el lago y que sólo se podían ver ° las colas. El patrón corrió al lugar. Trató de sacar la cola que encontró más cerca. Pedro le ayudó y al fin sacaron el animal muerto.

—¡Ay, qué lástima! ¡Los pobres cerdos!— dijo el patrón. —Pero lo que se perdió, ° se perdió.

se perdió was lost

Al ver que Pedro estaba muy triste, el patrón, en vez de pegarle, ° le dijo:

pegarle beating him

—Puedes ir a tu propia casa, joven. De hoy en adelante ° no necesito tu ayuda.

De hoy en adelante From now on

—Bueno, patrón, y gracias por su bondad— ° contestó Pedro, llorando.

bondad kindness

Cuando el patrón se fue a su casa, Pedro se dirigió ° al bosque para coger ° su dinero escondido. Allí dejó de llorar, por supuesto. °

se dirigió headed toward
coger to pick up
por supuesto of course

La próxima semana Pedro dejó a su familia y salió para el Nuevo Mundo donde continuó sus aventuras por dos o tres años. Entonces se dice que el pícaro cambió de vida y llegó a ser° un hombre bondadoso y noble.

llegó a ser became

Ejercicios

A. Termine las frases con las palabras más apropiadas.

1. Los españoles llevaron al Nuevo Mundo
   a) la lengua de los moros.
   b) el puente de Toledo.
   c) el arte, la música y la literatura.
   d) la candela de la vieja.

2. El padre de Pedro era
   a) alemán.
   b) francés.
   c) italiano.
   d) irlandés.

3. Pedro nació con un diente de
   a) oro.
   b) piedra.
   c) papel.
   d) madera.

4. El padrastro de Pedro era
   a) maestro.
   b) pastor.
   c) estudiante.
   d) comerciante.

5. Pedro ayudó a su vecino rico con el cuidado de
   a) los cuervos.
   b) sus niños.
   c) los caballos.
   d) los cerdos.

6.　—Es necesario vender los cerdos sin
a)　cabeza.
b)　ojos.
c)　colas.
d)　piernas.

7.　Pedro escondió las colas
a)　en el jardín de su patrón.
b)　en el bosque.
c)　en el lodo de un pequeño lago.
d)　debajo de un árbol.

8.　Pedro escondió el dinero en
a)　sus zapatos.
b)　el lago.
c)　el jardín de su patrón.
d)　el bosque.

9.　—Gracias por su bondad— contestó Pedro,
a)　llorando.
b)　corriendo.
c)　gritando.
d)　sentándose.

10.　En el Nuevo Mundo, Pedro, el pícaro,
a)　compró zapatos nuevos.
b)　trabajó para un rey.
c)　pintó cuadros religiosos.
d)　cambió de vida.

B.　Conteste con frases completas.

1.　¿Qué trajeron los españoles al Nuevo Mundo? religión, música, literatura

2.　¿Qué clase de novela era popular en España durante los siglos XVI
y XVII? naraciones novella picarasca

3.　¿Era pura castellana la madre de Pedro? Si

4.　En alemán, ¿qué significa la palabra *ur*? causa

5.　¿Cuántos años tenía Pedro cuando empezó a trabajar? cinco

6.　¿Por cuántos años trabajó Pedro para su padrastro? siete años

7.　¿Quién era el vecino de Pedro? un amigo atis

vender los cerdos para tener mas dinero

8. ¿Qué decidió hacer Pedro? ¿Por qué?
9. ¿Quien le pagó a Pedro los cerdos? comerciante
10. ¿Adónde salió Pedro la próxima semana? el Nuevo mundo

C. ¿Cuál es el infinitivo de cada verbo siguiente?

1. salió Salir
2. oyeron oir
3. comenzó comenzar
4. tenía tener
5. dijo decir
6. recibiendo recebir
7. creyó creer
8. hacía hacer
9. encendido encender
10. nublado nublar
11. siendo ser
12. dio dar
13. llorando llorar
14. quemaba quemar
15. pudo poder

D. Cosas que puede hacer.

1. Nombrar cuatro animales que los españoles trajeron al Nuevo Mundo.

(El caballo, la vaca, el burro, la oveja)

Murillo, pintor famoso

Bartolomé Esteban Murillo (1618–1682) nació en Sevilla donde pasó toda la vida menos los tres años cuando estudió en Madrid con el gran pintor ° Velázquez. De todos los pintores españoles, Murillo fue el más idealista y como pintor religioso, se dice que no tiene rival. En 1852 una pintura llamada «La Inmaculada Concepción» ° fue vendida al museo Louvre de París por $120.000. El Museo del Prado en Madrid, fundado ° en 1819 por el Rey Fernando VII, tiene muchos cuadros famosos pintados por el gran artista Murillo.

pintor painter

La Inmaculada Concepción The Immaculate Conception
fundado founded

Durante la primera parte de su vida, Murillo, huérfano ° desde su niñez, ° era muy pobre. Cuando tenía diez años, fue a una iglesia en Sevilla para observar a un artista famoso que estaba pintando escenas religiosas. Acercándose al pintor, el chico dijo:

huérfano orphan
niñez infancy

—Señor, algún día yo también quiero pintar cuadros religiosos.

Mirando al muchacho tan sincero e inteligente, el artista le contestó:

—Tú puedes hacerlo, joven, porque creo que tienes la imagen de Dios en el pensamiento ° y en el corazón.

pensamiento thought

Murillo nunca olvidó las palabras del artista y seis años más tarde se ganaba la vida pintando centenares ° de cuadros pequeños de la Madona. Vendió algunos en los mercados y en las calles de Sevilla. Otros cuadros fueron comprados por iglesias en México y en el Perú.

centenares hundreds

Una leyenda nos cuenta que Murillo trabajó por tres años pintando veinte cuadros para un nuevo convento en Sevilla. Allí todos le querían mucho porque este pintor era muy amable y sencillo.

Los monjes° charlaban con él, el jardinero le regalaba flores, el cocinero le preparaba platos exquisitos. Todos querían hacer algo por el gran artista.

monjes monks

Un día llegó el cocinero a su cuarto y le dijo:

—Señor Murillo, he oído que muy pronto usted se marcha. ¿Tiene usted algún recuerdo para su amigo el viejo cocinero? ¿No puede usted dejarme algún dibujito° suyo?

dibujito small drawing

—Con mucho gusto, amigo— contestó el pintor amablemente, —pero déme usted un lienzo,° porque yo no tengo más aquí.

lienzo canvas

El cocinero tampoco tenía lienzo pero tenía como delantal una recia° servilleta.°

recia heavy
servilleta napkin

Murillo cogió la servilleta y la preparó bien. Algunos días después llamó a su fiel amigo el cocinero y le dijo, dándole la recia servilleta:

—Tome usted su dibujito. Este trabajo no puede comprarse con dinero, pero sí con la amistad verdadera.

El cocinero miró la servilleta con lágrimas de gratitud. El gran maestro había pintado una hermosa madona con un hermoso niño en los brazos.

Este cuadro se conoce hoy día con el nombre de «La Madona de la Servilleta». Se dice que ningún artista ha podido sobrepasar° los colores tan magníficos de esta obra maestra.°

sobrepasar to surpass
obra maestra master work

Ejercicios

A. Termine las frases con las palabras apropiadas.

1. Murillo nació
   a) en 1492.
   b) en el siglo XV.
   c) durante la vida de Velázquez.
   d) antes del nacimiento de Cristóbal Colón.

2. El Museo del Prado está
   a) en Madrid.
   b) cerca de Toledo.
   c) en París.
   d) lejos de la capital de España.

3. En el Prado
   a) hay un café vascongado.
   b) hay animales.
   c) se ven todas clases de rosas.
   d) hay pinturas famosas.

4. Murillo era
   a) huérfano.
   b) guerrero.
   c) conde.
   d) jardinero.

5. Murillo pintó cuadros para
   a) una escuela.
   b) una cueva.
   c) un convento.
   d) una zapatería.

6. Murillo dijo: —Quiero pintar cuadros
   a) del sol.
   b) religiosos.
   c) de barcos.
   d) de arañas.

7. Murillo vendió cuadros en
   a) Irlanda.
   b) los puentes.
   c) las torres.
   d) las calles y los mercados.

8. El cocinero tenía como delantal
   a) una servilleta.
   b) una cortina.
   c) un pergamino.
   d) un pedazo de tela de su turbante.

9. El museo *Louvre* está en
   a) los Países Bajos.
   b) Francia.
   c) Granada.
   d) los Pirineos.

10. Murillo pasó casi toda la vida en
    a) Asturias.
    b) el Nuevo Mundo.
    c) Madrid.
    d) Sevilla.

B. Ponga estas palabras en orden para formar una frase completa.

1. día. pintar religiosos quiero también Yo cuadros algún
2. comprarse no dinero. trabajo Este puede con
3. que corazón. tienes Creo imagen en pensamiento y Dios la dé en el
4. los idealista era de españoles. dice Se todos Murillo pintores más el que
5. gran Todos hacer el querían por algo artista.

C. En el espacio, escriba la palabra correcta.

~~sencillo~~	~~Museo~~	~~palabras~~
~~jardinero~~	~~madona~~	~~amable~~
~~cuadros~~	~~corazón~~	~~rival~~
~~platos~~	~~religioso~~	~~monjes~~

1. Murillo nunca olvidó las _____ del artista.
2. El _____ del Prado tiene muchos _____ famosos.
3. Los _____ charlaban con él.
4. Murillo era muy _____ y _____.
5. El cocinero preparaba _____ exquisitos.
6. Tienes la imagen de Dios en el _____.
7. El _____ le regalaba flores.
8. Como pintor _____ se dice que no tiene _____.
9. El gran maestro había pintado una hermosa _____.

D. ¿Cuál es el infinitivo y la tercera persona singular del presente indicativo de cada verbo?

(handwritten note above: 3 pr sing pr indic.)

1. era *ser*
2. olvidó *olvidar*
3. comprado *comprar*
4. querían *querer*
5. dijo *decir*
6. dio *dar*
7. sabía *saber*
8. podido *poder*
9. sufrían *sufrir*
10. dormía *dormir*
11. tendremos *tender*
12. puso
13. empezaron *empezer*
14. volvió *volver*
15. hecho

Sevilla para el regalo;
Madrid para la nobleza;
Para tropas Barcelona;
Para jardines, Valencia.

(handwritten:) De todos los pintores españoles, Murillo fue el más idealista y como pintur religiosu se dice que no tiene rival.

El puñal de misericordia 12

Madrid, situado en la alta meseta° central, era un
pueblo pequeño que se llamaba Magerit durante la
invasión mora. En el siglo XI los españoles re-
conquistaron la región y en el siglo XVI fue hecha
esta ciudad la capital del país. Fue ocupada por los
franceses por un tiempo corto durante la primera
parte del siglo XIX. Madrid es la ciudad más grande
de España y es el corazón del país.

meseta plain

Don Luis de Guzmán y su esposa, doña María,
tenían una hija, Marianita. La fama de su belleza se
conoció° por toda la provincia de Madrid.

Pero algo raro sucedía en la casa del marqués° don
Luis. Nunca se abría para fiestas. Tampoco asistían
sus dueños a ninguna reunión social; siempre tenían
una disculpa° apropiada. Ni fueron a las recepciones
oficiales en el palacio del rey. Era una actitud ex-
traña, considerando que Marianita era linda y de
edad para casarse. Las únicas veces que salieron
eran para oír misa° en el templo cercano.

Naturalmente tal situación produjo gran chisme°
entre la gente. El caso de su vida solitaria era bien
conocido y los cuentos que corrían de labios a oídos
eran muchos y muy variados.

Entre las pocas personas que habían podido a-
preciar la excepcional belleza de Marianita en sus
visitas a la iglesia, era don Felipe de Rojas, un joven
noble, cuya° familia era amiga del rey. Don Felipe
había visto a Marianita y se había enamorado de ella.
La única atención que él había recibido de ella fue
sólo una ligera° inclinación° de la cabeza cuando él le
saludaba a ella. Nada más.

se conoció was
known
marqués Marquis

disculpa excuse

misa mass

chisme gossip

cuya whose

ligera slight
inclinación nod

Don Felipe era joven callado ° y serio, de muy buena educación ° y de buenas costumbres. ° Todo el mundo lo respetaba.

Un día, después de mucha meditación, don Felipe envió a su criado a casa de don Luis, padre de Marianita, pidiéndole permiso ° para hacer una visita. El marqués indicó que sí, fijando ° la cita para las cinco de la tarde.

El joven llegó puntualmente a la cita y le saludó cortesmente al marqués:

—Señor— dijo, —mis respetos a su esposa, la marquesa, primero, y luego el asunto de mi visita.

—Gracias— dijo el marqués. —Siéntese. Me interesa lo que me va a decir.

—Desde hace mucho tiempo— comenzó el joven, —me enamoré de su hija, Marianita. Vengo a pedirle la mano formalmente.

El marqués se puso ° pálido ° por unos momentos y luego respondió:

—¿Ya ha hablado usted con mi hija?

—No, señor marqués— respondió Felipe. —Nunca he tenido la oportunidad. Pero creo que mis ojos le han hablado de mi amor y creo que Marianita lo ha comprendido.

El marqués luego dijo:

—Usted honra mi casa, pero hay un gran impedimento. Desde muy joven, mi hija tiene hecho un voto ° solemne de no casarse.

Felipe no pudo hablar. Sólo tenía la mirada fija ° en una de las paredes del salón de donde colgaba ° un precioso puñal de misericordia.

(En tiempos antiguos los caballeros usaban estos puñales para matar a sus enemigos vencidos o para sacrificarse ellos mismos antes de ser humillados ° en la derrota.)

El joven sabía que bajo tal voto Marianita no cambiaría ° de opinión. Sin decir una palabra el joven se levantó y se dirigió hacia la puerta. Lenta y tristemente, le dijo al marqués:

callado quiet
buena educación good manners
costumbres habits

pidiéndole permiso asking him permission
fijando setting

se puso became
pálido pale

voto vow

mirada fija fixed gaze
colgaba was hanging

humillados humiliated

no cambiaría would not change

—Me ha dejado usted muerto. Aquel puñal en la pared no podría haberlo hecho mejor.

—Lo siento mucho, don Felipe. Yo también sufro— contestó el marqués.

Don Felipe salió de la casa y cruzó la calle. Miró a la casa como para decir adiós y creyó ver una cara en una de las ventanas. Algo de esperanza entró en su alma. ° Él no podía moverse del lugar y, un instante después, vio una mano que dejó caer ° algo por la ventana. Don Felipe cruzó la calle rápidamente, cogió lo que había caído. Abriendo la nota leyó:

alma soul
dejó caer dropped

«Don Felipe, no puedo dejarle sufrir sin saber mis razones. Yo también le quiero a Ud. Venga a la casa mañana a las diez de la mañana. Mis padres estarán en la iglesia. »

A la hora indicada, don Felipe volvió a la casa de Marianita. Ella abrió la puerta e indicó con la mano una nota sobre la mesa que ella había escrito. Él leyó:

«Soy muy infeliz. Desde mi nacimiento no he podido hablar. Soy muda. ° Ahora sabes toda la verdad. Pero tengo que decirte que te quiero mucho. »

muda mute

Y en esos momentos, Marianita cogió el puñal de la pared. Lo hundió ° en su propia garganta. ° Marianita cayó lentamente al suelo, mirando a don Felipe. Él, fuera de sí, ° fue a la puerta y gritó:

—¡Socorro!

hundió sank
garganta throat

fuera de sí beside himself

En ese momento llegaron a la puerta los padres de Marianita. El marqués fue por el médico. Don Felipe vendó ° la herida lo mejor que pudo ° a la vez que preguntaba a Marianita:

vendó bandaged
lo mejor que pudo as best he could

—¿Por qué lo hiciste? ¿Por qué lo hiciste?

Después de un rato ° llegó el médico con don Luis. Atendió a Marianita y luego les dijo:

rato short while

—Es grave, pero ella no morirá. ° Ella tiene que descansar mucho.

no morirá will not die

Marianita estaba inmóvil. Luego hizo un sonido, °

sonido sound

luego otro más fuerte. Y mirando a don Felipe, pro-
nunció estas sílabas:

—Fe . . . li . . . pe.

Todos se quedaron anónitos. ° No podían creerlo.
Marianita misma quedó paralizada de Miedo. Luego
repitió las mismas sílabas:

—Fe . . . li . . . pe. Fe . . . li . . . pe.

Y todos, a la vez, dijeron:

—¡Ella puede hablar! ¡Ella puede hablar!

El médico, sorprendido, explicó que a lo mejor ° la
puñalada ° había cortado algún músculo o nervio que
antes había sujetado ° las cuerdas vocales.

Las palabras no podían expresar la felicidad de
todos. Lloraban de alegría.

Un mes después, se celebró la boda ° de don Felipe
y Marianita. No había en toda la provincia una pareja
más hermosa ni más feliz. Y en su casa, en una pared
muy prominente, está colgado el puñal de
misericordia.

atónitos astonished

a lo mejor probably

puñalada knife wound

sujetado restrained

boda wedding

Ejercicios

A. Termine las frases con las palabras más apropiadas.

1. Madrid fue hecha la capital del país
    a) antes del siglo XI.
    b) durante el siglo X.
    c) en el siglo XVI .
    d) durante el tiempo de Cristóbal Colón.

2. En la casa de don Luis de Guzmán
    a) nunca había fiestas.
    b) había fiestas todos los domingos.
    c) sólo había fiestas para su hija.
    d) las fiestas duraban toda la noche

3. Marianita tenía edad para
    a) viajar.
    b) ser criada.
    c) ir a la escuela.
    d) casarse.

4. Don Felipe vio a Marianita
   a) en sus visitas a la iglesia.
   b) en las tiendas.
   c) en el palacio del rey.
   d) en su jardín.

5. Don Felipe era
   a) sin educación.
   b) de una familia pobre.
   c) de buena educación.
   d) francés.

6. En la carta de don Felipe
   a) pidió permiso para hacer una visita.
   b) invitó a Marianita a un baile.
   c) pidió dinero.
   d) dijo adiós.

7. Según su padre, Marianita
   a) nunca había hecho un voto.
   b) quería entrar en un convento.
   c) no quería ver a nadie.
   d) había hecho un voto de no casarse.

8. Un puñal de misericordia fue usado por
   a) los joyeros.
   b) los cocineros.
   c) los caballeros.
   d) los zapateros.

9. En una ventana don Felipe creyó ver
   a) un pie.
   b) un brazo.
   c) una mano.
   d) una cara.

10. En la casa de don Felipe y Marianita había
    a) las notas que ella le había escrito.
    b) una chaqueta bordada.
    c) un caballo.
    d) el puñal de misericordia.

B. ¿Cuál es el infinitivo que corresponde a cada una de las siguientes palabras?

1.	respuesta	6.	vida	11.	recuerdo	16.	ayuda
2.	nacimiento	7.	busca	12.	necesidad	17.	sueño
3.	esperanza	8.	comida	13.	alegría	18.	cambio
4.	viajero	9.	sorpresa	14.	estudiante	19.	brillante
5.	educación	10.	muerte	15.	sufrimiento	20.	mirada

C. ¿Son ciertas o falsas las siguientes oraciones? Si son falsas, cámbielas de manera que queden correctas.

1. Sevilla es la ciudad más grande de España.
2. La casa del marqués nunca se abría para fiestas.
3. Don Felipe era callado, serio y viejo.
4. Don Felipe quería visitar al padre de Marianita.
5. Un puñal de misericordia fue usado por los caballeros para matar a sus enemigos.
6. Marianita murió de una puñalada en la garganta.
7. Ella no quería a don Felipe.
8. Sus padres se quedaron atónitos al oír la primera palabra de Marianita.
9. Don Felipe de Guzmán se casó con Marianita.
10. Los dos eran la pareja más feliz de la provincia.

D. Temas que puede discutir

1. Si usted fuera mudo, ¿cuál sería la primera cosa que diría al poder hablar?
2. ¿Le gustan los chismes? ¿Por qué o por qué no?

El estudiante de Salamanca   13

La Universidad de Salamanca, fundada hacia ° 1220 por el Rey Alfonso IX, conoció en el siglo XVI un período de gran esplendor. Durante estos años más de diez mil estudiantes de España y de países extranjeros° asistieron a clases. Es interesante saber que había una gran variedad de cursos tales como ° medicina, leyes,° música, astronomía y religión. Cristóbal Colón fue a la universidad para hablar con los profesores de su viaje para descubrir una ruta directa a la India. En la universidad, había muchos estudiantes pobres como el joven de esta leyenda.

hacia around

extranjeros foreign

tales como such as

leyes law

Los niños en los países de habla española ° reciben sus regalos de Navidad el seis de enero. La noche anterior, antes de acostarse, ellos ponen sus zapatitos en la puerta, en el balcón o en una ventana abierta. En el silencio de la noche vienen los tres Reyes Magos ° y llenan los zapatitos de juguetes y dulces. Se dice que son los mismos reyes que trajeron regalos al Niño Jesús en Belén. °

de habla española Spanish-speaking

Reyes Magos Wise Kings

Belén Bethlehem

Un día de diciembre cuando llovía a cántaros, un pobre estudiante, vestido de harapos, ° entró en la tienda de un zapatero en Salamanca y le dijo:

harapos rags

—Muy buenos días, señor. Mire usted los únicos zapatos que tiene mi hermanito. ¡Qué malos son! ¿Puede usted hacerle otros nuevos?

—Sí, señor, es mi trabajo. ¿Cuántos años tiene el chico?

—Tiene cinco años y cree que va a recibir zapatos nuevos de los Reyes Magos. Por eso, los necesito antes del seis de enero.

—Muy bien. Vuelva° usted en cuatro días y los zapatitos estarán listos.

Vuelva Come back

Después de los cuatro días el estudiante regresó. Al recibir los zapatos tan bonitos, exclamó:

—¡Ay, qué trabajo tan excelente! ¿Cuánto le debo a usted?

—Nada, absolutamente nada— respondió el zapatero. —Es un regalito para su hermano.

—Mil gracias, señor. Usted es muy amable con mi familia que es muy pobre. Cuando yo sea° Arzobispo° de Toledo le voy a dar un regalo generoso.

yo sea I am

Arzobispo Archbishop (De Toledo, la posición eclesiástica más alta de España)

—Está bien— replicó° el zapatero, con una sonrisa. —Creo que tendré que esperar largo tiempo. Pero, vuelva usted a visitarme si puedo servirle en algo.

replicó answered

Pasaron los años y el zapatero, ya muy anciano, no podía trabajar y vivía en la pobreza.°

pobreza poverty

Un día se presentó en la zapatería un cura° que le pidió al viejecito acompañarle al palacio del Arzobispo de Toledo. El zapatero tenía mucho miedo y no quería ir. Pero, conquistando° su temor,° se puso en camino con el cura. Al presentarse ante el Arzobispo, éste, en tono muy cariñoso, le dijo:

cura priest

conquistando conquering

temor fear

—Amigo mío, hace muchos años usted me dio un par de zapatitos para mi hermano cuando yo era estudiante universitario en Salamanca. Siendo yo muy pobre en aquel entonces,° me impresionó mucho su generosidad. Usted se acordará que le prometí° un regalo generoso al llegar a ser Arzobispo de Toledo. Lo soy ahora. Aquí tiene usted el precio de los zapatos. Una buena acción nunca se pierde.

en aquel entonces at that time

le prometí I promised you

Y le dio al viejecito una bolsa en que había cincuenta onzas° de oro.

onzas ounces

—También, señor zapatero— continuó el Arzobispo, —si quiere pedirme otra cosa, hágalo° con toda confianza y trataré de conseguírsela.°

hágalo do it

conseguírsela to get it for you

Llorando de felicidad, el zapatero contestó:

—Señor, apenas° puedo creer lo que me pasa. El dinero que usted acaba de regalarme basta para vivir bien el resto de mi vida. Sólo deseo que a mi muerte no queden° abandonadas dos hijas que tengo.

apenas scarcely

queden remain

76

—Usted verá realizados sus deseos en poco tiempo— contestó el Arzobispo.

—¡Que Dios le bendiga!— respondió el zapatero.

Después de poco tiempo el Arzobispo de Toledo fundó el Colegio de Doncellas ° Nobles, cuyas ° primeras alumnas fueron las hijas del zapatero. También el Arzobispo les dio a las dos título de nobleza. °

Doncellas Young Women
cuyas whose

nobleza nobility

Ejercicios

A. Termine las frases con las palabras apropiadas.

1. La Universidad de Salamanca fue fundada

   a) en el siglo XIII.
   b) después del viaje de Cristóbal Colón.
   c) en el tercer siglo.
   d) en el siglo XIX.

2. Había cursos para los estudiantes que querían ser
   a) piratas.
   b) guerreros.
   c) zapateros.
   d) doctores en medicina.

3. En la universidad había muchos estudiantes
   a) ricos.
   b) pobres.
   c) viejos.
   d) de la Alta California.

4. Los niños de los países de habla española reciben regalos de
   a) los alcaldes.
   b) los soldados.
   c) los Reyes Magos.
   d) los guerreros.

5. El estudiante entró en la tienda cuando
   a) hacía sol.
   b) hacía viento.
   c) llovía a cántaros.
   d) hacía buen tiempo.

6. El hermanito tenía
   a) cinco años.
   b) cinco meses.
   c) cinco días.
   d) quince años.

7. Los Reyes Magos vienen
   a) el 25 de diciembre.
   b) el 6 de enero.
   c) el 31 de febrero.
   d) el día antes de la Navidad.

8. —Voy a darle un regalo cuando yo sea
   a) rey de España.
   b) alcalde de Sevilla.
   c) arquitecto.
   d) Arzobispo de Toledo.

9. El zapatero se puso en camino con
   a) un cerdo.
   b) un cura.
   c) la reina.
   d) los Reyes Magos.

10. Una buena acción
    a) no vale nada.
    b) cuesta dinero.
    c) se olvida.
    d) nunca se pierde.

B. Conteste con frases completas.

1. ¿En qué siglo conoció la Universidad de Salamanca un período de gran esplendor? en el siglo XVI

2. En este período, ¿cuántos estudiantes asistían a clases? dies mil   *10,000*

3. Nombre algunos de los cursos de la universidad. medicina, religion

4. ¿Qué explorador visitó la universidad? Cristobal Colón

5. ¿Cuándo se celebra el Día de los Reyes Magos? El seis de enero

6. ¿Qué traen los Reyes Magos a los niños? dulces y juguetes

7. ¿Cuánto dinero costaron los zapatitos? nada

8. Un día, ¿quién se presentó en la zapatería? un cura

9. ¿Quería ir el zapatero a Toledo? no, tenia medio

10. ¿Qué regalo recibió el zapatero? cincuenta onzas de oro

3. musica, astronomia, leyas

Leyendas de España

C. ¿Cuál es el infinitivo y el presente indicativo de estos verbos?

1. eran
2. pueden
3. verá
4. llorabas
5. dijo

6. pidió
7. vuelva
8. llovía
9. asistieron
10. había

11. cayó
12. dolíamos
13. podía
14. probaban
15. fueron

D. En cada línea hay una palabra que no tiene relación con las otras. ¿Cuál es?

1. ventana, viento, puerta, sala, cocina.
2. mano, pie, cabeza, ojo, ocho.
3. contento, cerca, alegre, feliz, alegría.
4. siglo, semana, año, día, donde.
5. mañana, tarde, todo, día, noche.
6. montaña, mil, costa, campo, ciudad.

80

La Gruta del Pirata   14

A doscientos kilómetros de la costa oriental ° de España está situada la más grande de las Islas Baleares, Mallorca. Durante su larga historia, estas islas han pertenecido ° a muchos países, pero desde el siglo XIII todas han sido parte de España.

Los mallorquines ° son una mezcla de varias tribus primitivas del Mediterráneo, y siempre han sido gente humilde ° y buena. Es interesante saber que a la mitad del siglo XVIII un grupo de misioneros salieron de Mallorca para el Nuevo Mundo. Uno de ellos, el Padre Junípero Serra, fundó nueve misiones en la Alta California.

Por muchos siglos los mallorquines fueron víctimas de piratas, pues en el Mediterráneo abundaba la piratería. °

En el año 1760 muchos piratas navegaban ° del norte de África a la isla de Mallorca. Sus costas favoritas eran las del suroeste donde había muchas bahías pequeñas donde podían dejar sus barcos mientras robaban a la gente.

Un día de otoño, la gente del pequeño pueblo de Artá celebraba su cosecha ° de fruta con una alegre fiesta. De súbito, ° hubo una invasión de piratas que venían gritando y blandiendo ° sus espadas.

Pronto los piratas hicieron prisionero al alcalde y lo llevaban hacia su barco. Pero la gente del pueblo peleó con tanta furia que los piratas soltaron ° a su cautivo ° y corrieron a su barco. Inmediatamente salieron de la isla a toda velocidad. °

oriental eastern

han pertenecido have belonged

mallorquines people of Mallorca

humilde humble

piratería piracy

navegaron sailed

bahías bays

cosecha harvest

De súbito Suddenly

blandiendo waving

soltaron released

cautivo captive

a toda velocidad at full speed

Pero no todos salieron. Había un joven pirata que, intentando° huir, se cayó en las rocas de la playa y se rompió una pierna. Con gran dificultad se arrastró° hasta una cueva grande cerca de la playa.

intentando trying
se arrastró he dragged himself

—Aquí voy a esperar la vuelta° de mis compañeros— se decía a sí mismo. —Muy pronto volverán a buscarme. Pero, primero voy a vendar la pierna que tanto me duele.

vuelta return

Así el joven inteligente se vendó la pierna con un pedazo de tela de su turbante.° Entonces, como tenía hambre, decidió buscar alimentos.° Afortunadamente unos pastores guardaban sus cabras° en la cueva. Así, con la leche de estos animales, el joven pudo pasar unos días sin necesidad de salir.

turbante turban
alimentos food
cabras goats

Todos los días el joven esperaba ver su barco en el mar. Pero sus compañeros, creyéndolo° muerto o prisionero, nunca volvieron.

creyéndolo believing him (to be)

Un día unos pescadores° del pueblo vieron al joven sentado en frente de la cueva. En seguida lo llevaron a la casa del buen alcalde. Aquí toda la familia le ayudó a curar sus heridas y le dieron buena comida. Siempre fue tratado con respeto y cariño.

pescadores fishermen

Poco a poco, el joven olvidó su odio hacia sus compañeros que tan cruelmente le habían abandonado. Se ofreció como criado al alcalde que le había tratado con tanto cariño.

—Con mucho gusto acepto tu ayuda. Pero ahora eres un querido miembro de nuestra familia— dijo el alcalde.

El joven trabajó fielmente° por muchos meses. Así ganó el respeto y el cariño de todo el pueblo y el amor de la familia del alcalde. La verdad es que el joven se enamoró de la hija del alcalde y después de un año se casaron y vivieron felices toda la vida en el pueblo, cerca de la Gruta del Pirata.

fielmente faithfully

Ejercicios

A. Termine las frases con las palabras apropiadas.

1. Mallorca es
    a) la capital de Irlanda.
    b) una ciudad cerca de Madrid.
    c) un río en Toledo.
    d) una isla.

2. Las Islas Baleares están
    a) al oeste de Portugal.
    b) al este de España.
    c) cerca de México.
    d) al sur de Granada.

3. Junípero Serra era
    a) jardinero.
    b) misionero.
    c) soldado.
    d) zapatero.

4. Los piratas viajaron
    a) en barcos.
    b) a pie.
    c) por coche.
    d) a caballo.

5. La gente de Artá celebraba
    a) una boda.
    b) la llegada de los piratas.
    c) su cosecha de fruta.
    d) el primer día de la escuela.

6. Los piratas hicieron prisionero
    a) al alcalde.
    b) al cura.
    c) a un conde.
    d) a un niño.

7. El joven pirata se rompió
   a) un dedo.
   b) la cabeza.
   c) la pierna.
   d) el pie.

8. En la cueva había
   a) cabras. *goats*
   b) burros.
   c) gallinas.
   d) caballos.

9. Más tarde el pirata vivía con
   a) el cura.
   b) el hijo de un misionero.
   c) un pescador.
   d) la familia del alcalde.

10. El joven y su esposa vivieron
    a) cerca de la Gruta del Pirata.
    b) en la capital de Mallorca.
    c) en un barco.
    d) en el Nuevo Mundo.

B. Conteste con frases completas.

1. ¿Qué es Mallorca? las mas grande de las Islas Baleares
2. ¿Cuándo salió Junípero Serra de su patria? siglo XVIII
3. ¿Quién fundó nueve misiones en la Alta California?
4. ¿En qué mar había muchos piratas? mediterráneo
5. ¿Dónde había muchas bahías pequeñas? Suroeste *southwest*
6. ¿Dónde dejaban los piratas sus barcos? o suroeste
7. ¿Volvieron por él los compañeros del joven pirata? NO
8. ¿Qué usó el joven pirata para vendar la pierna rota?
9. ¿Quién llevó al joven pirata a la casa del alcalde? pescadores
10. ¿Con quién se casó el joven? con la hija del alcalde

3. Padre Junípero Serra.
6. dónde había muchas bahías
8. un pedazo de tela de su turbante.

C. Dé un ejemplo de lo siguiente:
1. un pintor ~~Murillo~~
2. un museo francés ~~Louvre~~
3. un mar ~~Mediterráneo~~
4. un animal de Irlanda ~~jabalíes~~
5. unas montañas ~~Los Pirineos~~
6. una parte del cuerpo ~~pierna~~
7. un huérfano ~~Murillo~~
8. un misionero ~~Padre Junípero Serra~~
9. un animal que da leche ~~Cabras~~
10. unas montañas ~~Sierra Morena~~
11. un rey ~~Rey Felipe~~
12. una pintura ~~La madona de Servilleta~~
13. la parte de España más morisca ~~Andalucía~~
14. un rey muerto por su hijo ~~Marco~~
15. un conde ~~Un conde de Peña~~
16. una universidad ~~Salamanca~~
17. una isla al norte de España ~~Alva~~
18. una isla al este de España ~~Islas Baleares~~
19. un extranjero de Irlanda ~~Lemor~~
20. un juego ~~Jai hia~~

Una cajita muy chiquita
blanquita como la sal,
todos la saben abrir,
nadie la sabe cerrar.

(el huevo)

Las ánimas 15

Durante los años de la colonización del Nuevo Mundo, muchos españoles trataron de hacer su fortuna en América. Los cuentos del oro y la plata inspiraron a muchos. Algunas veces estos españoles se hicieron ricos. Al volver a España eran personajes famosos. Fueron llamados indianos *porque habían vuelto de Las Indias. La siguiente leyenda tiene que ver con un indiano rico.*

Se cuenta que por Andalucía había una vez una viejita que tenía una sobrina linda y buena, pero muy perezosa. Se desesperaba la vieja al no poder casarla. Temía ° morir y dejar a la pobre sobrina sin esposo.

Temía She was afraid

Sucedió que llegó al pueblo en donde vivían la tía y la sobrina, un indiano muy rico y guapo que quería casarse. La tía fue inmediatamente al caballero diciendo que ella tenía una sobrina cuyos talentos eran tantos que no bastaría ° un libro para contarlos. El caballero le contestó que le gustaría mucho conocerla y así él iría al día siguiente a su casa a visitarla.

no bastaría would not be enough

Al día siguiente llegó el caballero y preguntó:

—¿Sabe su sobrina hilar? °

hilar to spin

—¿Cómo hilar? dijo la tía. —Si precisamente ése es el mayor gusto de ella.

El caballero se fue muy contento. Al poco rato empezaron a llegar a la casa de la tía muchos criados cargados con madejas ° de lino. ° Decía el jefe de los criados:

madejas skeins
lino linen

—Dice mi señor que para mañana todo debe estar hilado.

La muchacha, al oír esto, se puso ° a llorar amargamente porque ella no sabía hilar; nunca había hilado.

se puso began

—¿Qué voy a hacer? ¿Qué voy a hacer?— repetía ella. —Y quiero casarme con el indiano. ¿Qué voy a hacer?— Y seguía llorando.

En ese instante le aparecieron, vestidas de blanco, tres ánimas,° de las buenas,° y se pusieron a trabajar hilando. En poco tiempo convirtieron ° todas las madejas de lino en hilo fino. Luego desaparecieron.

Cuando a la mañana siguiente la tía vio aquel milagro, apenas° pudo contenerse.° Y cuando llegó el rico caballero indiano, felicitó a su novia por su habilidad.° Pero entonces se le ocurrió preguntarle si sabía coser.°

—¿Si sabe ella coser?— se apresuró° a decir la tía. —Coser es placer ° para ella y lo hace con mucha rapidez.°

El indiano se fue muy contento y al poco rato empezaron a llegar criados y más criados cargados de piezas de lienzo.°

—Dice mi señor que la señorita debe hacer chaquetas° y camisas de esto para él— dijo el jefe de los criados.

Otra vez la muchacha, que no sabía nada de cortar ni coser, se puso a llorar.

Las tres ánimas volvieron a aparecer ° y en poco tiempo habían cortado todo el lienzo y habían hecho las chaquetas y camisas. Luego desaparecieron.

La tía de la muchacha bailaba de gusto y el indiano no cesaba° de felicitarse por tener una novia tan lista.

Pero entonces se le ocurrió al indiano enviarle a la muchacha docenas de chalecos.°

—Dice mi señor que los quiere bordados,° todos diferentes y de todos los colores— **decía el jefe de los criados.**

La muchacha, cada vez más ° triste, comenzó a llorar amargamente otra vez.

Como en las otras ocasiones, las tres ánimas aparecieron y en poco tiempo tenían todos los chalecos bordados.

—Con gusto hemos hecho todo este trabajo— decían las ánimas, —pero queremos ser invitadas al banquete de su boda.

ánimas spirits

de las buenas of the good kind

convirtieron they transformed

apenas hardly

contenerse to contain herself

habilidad skill, ability

coser to sew

se apresuró hurried

placer pleasure

rapidez speed

lienzo linen cloth

chaquetas jackets

volvieron a aparecer appeared again

no cesaba did not cease

chalecos vests

bordados embroidered

cada vez más more and more

—Sí, ¡cómo no!— contestó la muchacha.

Cuando el indiano vio los chalecos bordados y en tan poco tiempo, no dudó un instante que tenía la novia más capaz° de toda España y estaba resuelto° a no dejar escapar aquel tesoro. Él quería casarse al instante.

capaz capable
resuelto resolved

La muchacha estaba muy triste porque se había enamorado ya del indiano. Era muy guapo y bueno. Pero ella sabía que él se daría cuenta de que ella no era trabajadora y que no sabía hacer nada.

Llegó el día de la boda. El banquete era espléndido y todos los convidados° muy contentos, comiendo, riéndose y bailando. Entre los convidados que llegaron tarde, había tres viejecitas tan feas que todos dejaron de° comer, de reírse y de bailar, mirándolas con la boca abierta. Una de ellas tenía un brazo muy corto y el otro larguísimo; otra era jorobada° con el cuerpo torcido;° y la tercera tenía los ojos saltones° y colorados.°

convidados guests

dejaron de left off

jorobada hunchbacked
torcido twisted
saltones protruding
colorados red

Cuando la muchacha se dio cuenta de que las tres viejecitas eran las tres ánimas, dijo a su marido:

—Son tres tías mías muy especiales. . . .

—Pues tú las has convidado, mi querida esposa, están bienvenidas.°

bienvenidas welcome

Y él fue a hablarles con mucho cariño y a ofrecerles asiento.

Siendo muy platicadoras° las viejitas, tomaron parte en las charlas de los demás. Al fin, un convidado curioso no pudo menos que preguntar a la **primera cómo era que tenía un brazo corto siendo el** otro tan largo.

platicadoras talkative

—Hijo mío— dijo la vieja en voz muy alta, —los tengo así por lo mucho° que he hilado.

lo mucho the great amount

El novio, oyendo esto y que en aquel instante contemplaba los brazos de su mujer tan blancos y redondos, se le acercó a ella y le dijo:

—No debes hilar más en tu vida.

Mientras otro convidado preguntaba a la segunda viejita por qué tenía los ojos tan saltones y colorados.

—He pasado la vida cortando y cosiendo.

El novio, dijo al oído de su esposa:

—Tampoco debes cortar ni coser.

Mientras, otro curioso preguntaba a la tercera viejita cómo era que tenía la espalda jorobada y el cuerpo tan torcido.

—¡Ay, hijo mío!— contestó la viejita, —estoy así de tanto inclinarme ° para bordar.

inclinarme bending over

El novio, hablándole otra vez a su esposa dijo:

—No debes bordar más en tu vida.

Y las viejecitas, que eran las ánimas, desaparecieron y el caballero y su esposa fueron muy felices.

Ejercicios

A. Termine las frases con las palabras más apropiadas.

1. Fueron llamados indianos
   a) la gente que quería ir a Las Indias.
   b) los españoles que volvieron de América.
   c) los guerreros de los Países Bajos.
   d) la gente que deseaba vivir en Indiana.

2. Andalucía está
   a) al norte de Madrid.
   b) cerca de Valencia.
   c) al oeste de Portugal.
   d) al sur de España.

3. Una viejita tenía una sobrina
   a) perezosa.
   b) famosa.
   c) fea.
   d) trabajadora.

4. La viejita temía dejar a su sobrina
   a) con una pierna herida.
   b) con tanto dinero.
   c) sin dos caballos.
   d) sin esposo.

5. La tía le habló al indiano acerca de
    a) los pies pequeños de su sobrina.
    b) la bondad de la reina.
    c) sus vecinos.
    d) los talentos de su sobrina.

6. La sobrina no sabía
    a) bailar.
    b) hilar.
    c) escribir.
    d) hacer enchiladas.

7. En ese instante, aparecieron
    a) dos monjes.
    b) los Reyes Magos.
    c) cuatro gitanas jorobadas.
    d) tres ánimas.

8. En poco tiempo las ánimas tenían los chalecos
    a) cortados en pedazos.
    b) cambiados a turbantes.
    c) bordados.
    d) pintados.

9. Entre los convidados había tres viejecitas
    a) feas.
    b) altas.
    c) bajas.
    d) gordas.

10. Las ánimas
    a) cantaron.
    b) preparon el banquete.
    c) bailaron.
    d) desaparecieron.

B. Conteste con frases completas.

1. ¿Qué estimularon a muchos españoles a ir al Nuevo Mundo?
2. ¿Quiénes fueron llamados indianos? Personas famosos
3. ¿Qué temía la viejecita? que su sobrina no tenía un esposo

los cuentos del oro y plata

91

4. ¿Quién llegó al pueblo de la viejecita? un indiano caballero
5. ¿Quién visitó al indiano? la viejita
6. ¿Le gustaría al indiano conocer a la sobrina? sí
7. Según la tía, ¿cuales son los tres talentos de su sobrina? hilando,
8. Cuando la sobrina estaba llorando, ¿quiénes le aparecieron?
9. ¿Cómo ayudaron a la sobrina las ánimas? hacen el trabajo por ella
10. ¿Qué creyó el indiano acerca de su novia? que tenía muy habilidad

7. coser, bordar
8. las tres ánimas

C. ¿Cuál es la palabra que no tiene ninguna relación con las otras?

1. hilar, bordar, coser, cantar.
2. novia, nueva, tía, sobrina.
3. ojo, hoja, garganta, dedo.
4. mar, océano, marchar, playa.
5. siglo, semana, mes, mesa.
6. alegre, contento, alegría, feliz.

Un hoy vale más que dos mañanas.

Antes que te cases, mira lo que haces.

La dama de piedra   16

En el norte de España, no muy lejos de la ciudad vascongada de Oyarzún, en pleno campo, había una pequeña capilla dedicada al Apóstol Santiago. ° La capilla no era nada lujosa, ni tampoco ricamente adornada. La fama de ella no estaba en la devoción a Santiago, sino en un rosario que tenía en sus manos una estatua de la virgen.

En verdad, era una maravilla el rosario y decían todos que no había otro de igual hermosura ° en todo el mundo.

En una ocasión, pasó cerca de una capilla de Oyarzún un grupo de gente a caballo. Entre ellos había una señora francesa de alta nobleza. ° Un joven caballero francés servía de guía al grupo. Él y la dama, mientras caminaban, charlaban y se reían para distraerse ° de las incomodidades ° y el cansancio ° del viaje. De repente la dama vio, entre los árboles, una capilla y gritó al joven:

—¡Mira, ahí está una capilla! Vamos, tú y yo, a entrar para descansarnos un poco. No puedo seguir más; estoy cansadísima.

Esto le extrañaba ° un poco al caballero porque él sabía que la dama era persona de poca fe ° y respeto religioso. Pero, como él también estaba cansado y quería escapar del calor español, asintió. °

Ordenando pararse toda la gente, los dos se acercaron a la capilla y entraron en la oscuridad.

—¡Ay, cómo estoy cansada!— dijo la dama. —¡Y qué fresco está aquí adentro!

—Sí— dijo el caballero, —sí, es buen lugar para descansar, ¡pero está muy oscuro!

Santiago Saint James (patron saint of Spain)

hermosura beauty

nobleza nobility

distraerse to distract themselves
incomodidades inconveniences
cansancio weariness

extrañaba seemed strange
fe faith

asintió agreed

95

Después de un rato los ojos de la dama se acostumbraron° a la poca luz que había en la capilla y se fijaron en° el rosario que estaba en las manos de la estatua de la virgen.

—¡Qué bonitas joyas!— exclamó la dama. —Son las más bonitas que he visto en mi vida. Tienen que ser mías, ¿entiendes? ¡Cógemelas!°

—Señora— contestó el caballero, —aquí las cosas son sagradas.° Usted no quiere estas joyas. Usted puede mandar a cualquier joyero° hacerle un rosario mucho más bonito que éste. Perdón, pero usted habla tonterías.°

—Tú tienes miedo, ¿verdad?— respondió la dama. —Tú eres caballero y tienes miedo. Si no me consigues el rosario, sagrado o no, yo misma voy a cogerlo.—

Y en un instante, ante los ojos atónitos del caballero, ella subió al altar donde estaba la estatua de la virgen, cogió el rosario y lo escondió entre sus faldas° en un bolsillo.° Sin nada de vergüenza,° salió de la capilla seguida por el caballero. Él no podía creer lo que acabó de ver.° La dama montó a caballo y se dirigió hacia los otros viajeros. El caballero hizo lo mismo.

Él se reprochaba° interiormente su falta° de valor al haber consentido el robo de una capilla. No quiso platicar. Pero la dama, una vez que todos se pusieron en marcha, empezó la conversación alegre como antes. Aún más, la dama tomó una actitud orgullosa.°

Por el camino, llegando hacia ellos, apareció un viejecillo vestido muy pobremente. Al llegar ante la dama y los otros viajeros, gritó con voz grave y profunda:

—¡Alto a los caminantes!

A pesar de que la figura del viejo no podía inspirar miedo, algunos hombres del grupo sacaron sus espadas.

El anciano de la voz fuerte no se calló, sino dijo a los señores del grupo:

se acostumbraron became accustomed to
se fijaron en were fixed on

¡Cógemelas! Get them for me!

sagradas sacred, holy
joyero jeweler

tonterías foolishness

faldas skirts
bolsillo pocket
vergüenza shame
acabó de ver had just seen

se reprochaba reproached himself
falta lack

orgullosa proud

—A ustedes no les pido nada. Es la señora con quien tengo que hablar.

Y luego, volviéndose a la dama, añadió: ° **añadió** he added

—Le pido a usted, señora, que devuelva el rosario que acaba de robar a la virgen.

La dama se puso pálida, más de ira que de miedo, y negó el robo con orgullo.

—¿Qué dice este hombre? No he robado nada a nadie. Este viejo está loco. No sabe lo que dice.

Pero el viejito respondió:

—Yo sé que es usted quien ha robado ese rosario.

Pero ella, furiosa y fuera de sí, exclamó:

—¡Que me convierta ° en piedra si no es verdad lo que digo! **Que me convierta** May I turn into

Y en el acto de hacer la exclamación, la dama se convirtió en roca.

Todavía hoy, puede verse una lápida ° con la figura de una mujer a caballo cerca de la capilla. **lápida** slab of stone

---

Ejercicios

A. Termine las frases con las palabras apropiadas.

1. No muy lejos de Oyarzún había
   a) un castillo.
   b) una zapatería.
   c) una pequeña capilla.
   d) una feria.

2. La fama de la capilla era en
   a) un rosario.
   b) una piedra grande.
   c) las ventanas hermosas.
   d) la torre.

3. Una estatua de la virgen tenía en sus manos
   a) una cruz.
   b) la figura de un niño.
   c) joyas hermosas.
   d) un rosario.

4. Pasó cerca de esta capilla
   a) un grupo de gente a caballo.
   b) soldados con sus espadas.
   c) dos monjes corriendo.
   d) la mujer guerrera.

5. Entre el grupo había
   a) un juez.
   b) una señora francesa.
   c) un pirata.
   d) dos estudiantes.

6. Los ojos de la dama se fijaron en
   a) una araña.
   b) las candelas.
   c) el rosario.
   d) una pintura.

7. La señora subió
   a) un árbol.
   b) las escaleras.
   c) al altar.
   d) al jabalí.

8. Cogió el rosario y lo escondió en
   a) un bolsillo.
   b) sus zapatos.
   c) su pelo.
   d) su blusa.

9. La dama tomó una actitud
   a) triste.
   b) cariñosa.
   c) orgullosa.
   d) humilde.

10. La dama se convirtió en
    a) diamantes.
    b) roca.
    c) oro.
    d) plata.

B.   Conteste con frases completas.

1.   ¿A quién fue dedicada una pequeña capilla? al Apóstol Santiago
2.   ¿Por qué era famosa la capilla? el rosario que tenía en sus manos
3.   ¿Había otros rosarios de igual hermosura? No
4.   ¿Era pobre la señora francesa? No
5.   ¿Quiénes entraron en la capilla para descansar? el caballero y dama
6.   ¿Dónde estaban las joyas bonitas? en la capilla
7.   ¿Quién robó el rosario? la dama
8.   ¿Quién gritó: —Alto a los caminantes? el viejecillo
9.   ¿Qué negó la dama? el robo de el rosario.
10. ¿Qué exclamó la dama? No he robado nada a nadie. Este viejo está loco. N.a sabe lo que dice" "Que me convierta en piedra si no es verdad lo que digo"

C.   Tenga la bondad de decir si estas palabras indican una persona, un edificio o una cosa.

1. espada una cosa	6. cárcel un edificio	11. joya una cosa
2. guía una persona	7. capilla un edificio	12. admirador una persona
3. puente un edificio	8. vecino una persona	13. moneda una cosa
4. torre un edificio	9. sangre una cosa	14. museo un edificio
5. caudillo una persona	10. joyero una persona	15. trabajadores una persona

D.   ¿Cuál nombre o adjetivo tiene relación con estos infinitivos?

1. cantar canción	6. oscurecer oscuredad	11. vestir vestido
2. cruzar cruz	7. vivir vida	12. robar robo
3. pasar paso	8. salir salida	13. ayudar ayuda
4. caminar camino	9. trabajar trabajo	14. invitar invitación
5. gritar grito	10. viajar viaje viajeros	15. querer querida

All words that appear in the text are included here, except for exact or very close cognates, definite articles, some pronouns, cardinal numbers, and names of people, months, and days.

The following abbreviations are used:

adj., adjective	*n.*, noun
adv., adverb	*p.p.*, past participle
conj., conjunction	*pl.*, plural
dim., diminutive	*prep.*, preposition
f., feminine	*pres. p.*, present participle
irreg., irregular	*pron.*, pronoun
m., masculine	*sing.*, singular

Gender is shown for all nouns, except masculine nouns that end in -*o*, feminine nouns that end in -*a*, or nouns referring to male or female beings. Irregular verbs are marked with (*irreg.*). Stem-changing verbs have the change indicated in parentheses: *cerrar (ie)*, *contar (ue)*, *pedir (i)*. Verbs like *conocer* have (-*zco*) in parentheses. Verbs like *construir* have (-*uyo*) in parentheses. Verbs ending in -*eer* are conjugated like *creer*.

Spanish-English Vocabulary

A

a to, at, in, on, by
abandonar to abandon, leave
abrazar (c) to embrace
abrazo embrace
abrir to open
  abierto, -a (*p.p.*) (*adj.*) opened
absoluto, -a (*adj.*) absolute
  absolutamente (*adv.*) absolutely
absorber to absorb
  absorto, -a (*p.p.*) (*adj.*) absorbed
abundante (*adj.*) abundant
abundar to abound
abuso abuse, misuse
acabar (se) to finish, end
  acabar de to have just
acariciar to caress, pet
  acariciando (*pres. p.*) petting
acción *f.* action
aceptar to accept
acerca de (*prep.*) concerning, about
acercarse (qu) (a) to approach
acompañar to accompany
aconsejar to advise
acordarse (ue) (de) to remember
acostarse (ue) to go to bed, lie down
acostumbrarse (a) to become
  accustomed to
actitud *f.* attitude
acto act
acusar to accuse
adaptar to adapt
adelante (*adv.*) forward, ahead
  en adelante from now on,
  henceforth
además (*adv.*) besides
  además de (*prep.*) besides

adentro (*adv.*) inside, within
adiós goodbye
admirador, -a *m. & f.* admirer
admirar to admire
¿adónde? where?
adornar to adorn
  adornado, -a (*p.p.*) (*adj.*) adorned
advertir (ie, i) to warn
afortunadamente fortunately
afuera (*adv.*) outside
agonía agony
agradar to please, like
agradecer (zc) to thank, be grateful for
agradecimiento gratitude
agua water
ahí there
ahora now
  ahora mismo right now
aire *m.* air
al (a el) to the, at the
al + inf. upon doing something
Alá Allah
alarmar to alarm
alcalde *m.* mayor
alegrar (se) to make happy, to be
  happy
alegre (*adj.*) happy
alegría happiness, joy
alejar (se) to go away, move
  something away
alemán, alemana (*adj. & n.*) German
algo something
alguno (algún), -a (*adj.*) some, any
  algunas veces sometimes
alhaja jewel
alimento food
alma soul, spirit
alto, -a (*adj.*) high, upper; loud (of a
  voice)

¡**alto!** stop!, halt!
allí there
alumno, -a pupil, student
amable (*adj.*) kind, nice, amiable
  amablemente (*adv.*) kindly
amar to love
amargamente (*adv.*) bitterly
amarillo, -a (*adj.*) yellow
amigo, -a friend
amistad *f.* friendship
amo master, owner
amor *m.* love
anciano, -a (*adj.*) old, aged; (*n.*) old
  man, old woman
ángel *m.* angel
angosto, -a (*adj.*) narrow
anillo ring
animo, -a (*n.*) spirit
anoche (*adv.*) last night
ansiosamente (*adv.*) anxiously
ante (*prep.*) before
antes (*adv.*) first, before, previously
  antes de (*prep.*) before
  antes (de) que (*conj.*) before
anterior (*adj.*) previous, before
antiguo, -a (*adj.*) old, ancient
añadir to add
año year
aparecer (zc) to appear
apellido surname
apenas (*adv.*) hardly, scarcely; (*conj.*)
  as soon as
apóstol *m.* apostle, religious leader
apreciar to appreciate
aprender to learn
apresurar (se) to hurry (up)
aprisa (*adv.*) quickly
apropiado, -a (*adj.*) appropriate
apurarse to worry; hurry
aquel, aquello, aquellos, aquellas
  (*adj.*) that, those (over there)
  aquel entonces at that time
aquí (*adv.*) here
árabe (*adj.*) Arabic; (*n.*) Arab
araña spider
árbol *m.* tree
arco arch, bow
arma arm, weapon

armadura armor
armar to arm
arquitecto architect
arrastrar to pull, drag
arriba above, over, up
arrimar to move up, bring close
arrimar (se) to draw close, draw near
Artá village in Mallorca
arte *m. & f.* art, skill
artesano artisan, craftsman
artista *m. & f.* artist
arzobispo archbishop
asegurar to assure
asentir (ie, i) to agree
asesino assassin
así (*adv.*) thus, so
asiento seat
asistir (a) to attend
astro star, planet
astronomía astronomy
asturiano, -a Asturian
asunto matter, subject
asustar to frighten
atajo short cut
atención *f.* attention, kindness
  poner atención to pay attention
atender (ie) to wait on, take care of
atónito, -a (*adj.*) amazed, astonished
atrás (*adv.*) back (ward), behind
atrever (se) (a) to dare, dare to
aun (*adv.*) even
aún (*adv.*) yet, still
aunque (*conj.*) although
avanzar to advance
avaro, -a (*adj.*) greedy, miserly; (*n.*)
  miser
ave *f.* bird
aventura adventure
avisar to advise; inform
¡**ay!** oh!
ayuda help
ayudar (a) to help

B

bahía bay, harbor
bailar to dance
bajar to get down (out), go (come)
  down to, descend

balcón *m.* balcony
bajo, -a (*adj.*) low, soft
bajo (*prep.*) under
Baleares Spanish islands in the Mediterranean Sea
banquete *m.* banquet
bañar (se) to bathe, go swimming
barba beard
barco boat, ship
bastar to be enough
batalla battle
batallón *m.* battalion
Belén Bethlehem
belleza beauty
bello, -a (*adj.*) beautiful
bendecir (i, j) to bless
　¡**Que Dios bendiga!** May God bless!
bendito, -a (*adj.*) (*p.p.*) blessed, fortunate
beneficio benefit, profit
bien well, good
　está bien all right
bienvenido, -a (*adj.*) welcome
blanco, -a (*adj.*) white
blandir to flourish, swing
boca mouth
boda marriage, wedding
bolsa purse, bag
bolsillo pocket
bondad *f.* goodness, kindness
bondadoso, -a (*adj.*) good, kind
bonito, -a (*adj.*) pretty
bordar to embroider
borracho drunkard
bosque *m.* woods
brazo arm
brida bridle
brillante (*adj.*) brilliant, bright
brillante *m.* diamond
brillar to shine
broche *m.* brooch, pin
bueno (buen), -a (*adj.*) good, fine
bulto bundle
busca search
buscar (qu) to look for

C

caballero gentleman; knight
caballo horse
cabecera head (of troops)
cabeza head
cabo end
cabra goat
cada each
caer (se) (*irreg.*) to fall (down)
cálculo calculation, estimate
calentura fever
calor *m.* heat, warmth
callar (se) to be silent, keep quiet
callado, -a (*adj.*) (*p.p.*) quiet, silent
calle *f.* street
cama bed
cambiar to change, exchange
cambio change, exchange
　a cambio de in exchange for
　en cambio on the other hand
caminante *m. & f.* walker, traveler
caminar to walk
camino road
　ponerse en camino to set out
camisa shirt
campana bell
campo country, field, camp
　campo de batalla field of battle
candela candle
candelero candlestick
cansado, -a (*adj.*) (*p.p.*) tired
cansadísimo, -a (*adj.*) very tired
cansancio weariness, fatigue
cántaro jug, pitcher
　llover a cántaros to rain bucketsful
cantidad *f.* amount, quantity
capa cape
capaz (*adj.*) capable
capilla chapel
capital *f.* capital (city)
capitán *m.* captain
capricho whim
cara face
cárcel *f.* prison, jail
carecer (zc) to lack
cargar (gu) to carry (a load)

cargado, -a (*adj.*) (*p.p.*) (de)   loaded (down) with
caricia   caress
cariño   affection
cariñoso, -a (*adj.*)   affectionate
carpintero   carpenter
casa   house, home
   a casa   home
casar (se) (con)   to marry
casco   helmet
casi (*adv.*)   almost
casita   little house
castigar (gu)   to punish
castellano, -a (*adj.*)   Castilian
castillo   castle
causa   cause
   a causa de   because of
cautivo   captive
cazar (c)   to hunt
caudillo   leader, chief
celebrar   to celebrate
centenar *m.*   one hundred
centinela *m.*   sentinel
cerca (*adv.*)   near, close by
   cerca de   near
cercano, -a (*adj.*)   nearby, neighboring
cerdo   pig
cerrar (ie)   to close
cesar   to cease, stop
cielo   sky, heaven
ciencia   science
cien, ciento (*adj.*)   hundred
cierto, -a (*adj.*)   certain
cimbra   wooden frame for supporting an arch
cita   date, appointment
ciudad *f.*   city
clase *f.*   kind, class, classroom
cocina   kitchen
cocinero   cook
coche *m.*   coach, car
cofre *m.*   coffer, jewel box
coger (j)   to take, gather, pick up
cola   tail
colegio   school, college
colgar (gu, ue)   to hang (up)
colonización *f.*   colonization
color *m.*   color

colorado, -a (*adj.*)   red
columna   column
combinación *f.*   combination
combinar   to combine, unite
comenzar (ie, c)   to begin
comer   to eat
comerciante *m.*   merchant
cometer   to commit
comida   food, meal
como   as, like, since
¿cómo?   how?, what?
compañero, -a (*n.*)   companion
compasión *f.*   compassion
compasivo, -a (*adj.*)   compassionate, sympathetic
compatriota *m. & f.*   compatriot
complacer (zc)   to please
complaciente (*adv.*)   kindly
completo, -a (*adj.*)   complete
comprar   to buy
   comprarse   to be bought, to buy for oneself
comprender   to understand
comprensivo, -a (*adj.*)   understanding
con   with
conceder   to grant
conde *m.*   count
condesa   countess
confundir   to confound, confuse
confesar (*ie*)   to confess
confianza   confidence
confiar   to trust, confide
conflicto   conflict
confusión *f.*   confusion
confuso, -a (*adj.*)   confused
conmover (ue)   to move, affect (with emotion)
conmovido, -a (*adj.*) (*p.p.*)   moved
conocer (zc)   to know
   conocerse   to be known
conocido (*adj.*)   well known
conquistador *m.*   conqueror
conquistar   to conquer
conseguir (se) (i)   to get
consentir (ie, i)   to consent, agree
considerar   to consider
constante (*adj.*)   constant
construcción *f.*   construction

construir (y) to construct
consuelo consolation, comfort
contar (ue) to tell, count, relate
contemplar to contemplate, gaze at
contener (se) (*irreg.*) to contain
  oneself
contento, -a (*adj.*) contented, happy
contestación *f.* answer
contestar to answer
continuar to continue
contra (*prep.*) against
contribuir (y) to contribute
convento monastery, convent
conversación *f.* conversation
convertir (ie, i) to convert
convertirse (ie, i) to turn into
convidado, -a (*n.*) guest
convidar to invite
corazón *m.* heart
correcto, -a (*adj.*) correct
correr to run
corresponder to correspond, react
cortar to cut
corte *f.* royal court
cortés (*adj.*) courteous, polite
  cortésmente (*adv.*) courteously
cortesía courtesy, politeness
cortina curtain
corto, -a (*adj.*) short
cosa thing
cosecha crop, harvest
coser to sew
costa coast
costumbre *f.* custom
  ser costumbre to be customary
creer (*irreg.*) to believe
Creta Crete, an island belonging to
  Greece
criado, -a (*n.*) servant
crimen *m.* crime
cristiano, -a (*n.*) (*adj.*) Christian
Cristóbal Colón Christopher Columbus
cruz *f.* cross
cruzar (c) to cross
cuadro picture
cuadrúpedo quadruped, four-legged
  animal
cual which

¿cuál? which?, what?
cualquier, -a any
cuando when
¿cuándo? when?
¿cuánto, -a? how much?
¿cuántos, -as? how many?
cuarto room
cubrir to cover
cubierto, -a (*adj.*) (*p.p.*) covered
cuenta account, affair
  darse cuenta (de) to realize
cuento story
cuerda cord, string
cuerpo body
cuervo crow
cueva cave
cuidado care
  tener cuidado to be careful
cuidadoso, -a (*adj.*) careful
  cuidadosamente (*adv.*) carefully
cuidar (se) to take care (of)
culpa blame
cultura culture
cumplir (con) to carry out, accomplish,
  comply
cura *m.* priest
curar to cure
curioso, -a (*adj.*) curious
curso course
cuyo, -a, -os, -as whose

CH

chaleco vest
chaqueta jacket
charla conversation, chatter
charlar to chat
chico, -a (*adj.*) little; (*n.*) little boy, little
  girl; child
chillido shriek
chisme *m.* gossip
choque *m.* shock

D

dama lady
dar (*irreg.*) to give; strike (the hour), hit
  darse cuenta (de) to realize
  darse por vencido, -a to yield, give up
de (*prep.*) of, from, with, by, about, than (before a numeral)
debajo (de) (*prep.*) under, beneath
deber (*n.*) *m.* duty
deber to owe, ought, should, must be
debido, -a (*adj.*) (*p.p.*) due, owing
  debido a owing to
decidir to decide
decir (*irreg.*) to say, tell
  dicho (*p.p.*) said
  diciendo (*pres. p.*) saying
  se dice it is said
declarar to declare
dedicar (qu) to dedicate
dedicado, -a (*adj.*) (*p.p.*) dedicated
dedo finger
dejar to leave, let
  dejar de to stop, leave off
del (de + el) of the, from the
delantal *m.* apron
delante (de) in front of, before
delicadeza delicacy
demás (*adj.*) (*pron.*) (the) rest, (the) others
dentro de (*prep.*) inside of
dentro (*adv.*) inside, within
derrota defeat
desaparecer (zc) to disappear
desaparecido, -a (*adj.*) (*p.p.*) disappeared
desayunarse to eat breakfast
descansar to rest
descendiente (*n.*) *m. & f.* descendant; (*adj.*) descending
describir (*irreg.*) to describe
descrito, -a (*adj.*) (*p.p.*) described
descubrir to discover
descubierto, -a (*adj.*) (*p.p.*) discovered
desde from, since
desdichado, -a (*adj.*) unfortunate
desear to wish, desire
deseo wish, desire

desesperar (se) to despair
desgracia misfortune
desierto desert
desmayarse to faint
despachar to send
despedir (se) (i) (de) to take leave of, dismiss, say goodbye to
despertar (se) (ie) to wake up
después (*adv.*) afterwards, then, later
  después de (*prep.*) after
destacarse (qu) to distinguish oneself, to stand out
detrás (*adv.*) behind
  detrás de (*prep.*) behind
devoción *f.* devotion
devolver (ue) to return, give back
devoto, -a (*adj.*) devout
día *m.* day
  hoy día nowadays
diagonal (*adj.*) diagonal
dibujuo drawing
  dibujito little drawing
diente *m.* tooth
diferente (*adj.*) different
difícil (*adj.*) difficult
dificultad *f.* difficulty
digno, -a (*adj.*) worthy
dinero money
Dios God
dirección *f.* direction, address
directo, -a (*adj.*) direct
dirigir (j) to direct, address (someone)
  dirigirse (j) (a) to turn to, to make one's way
discreto, -a (*adj.*) discreet
disponer (*irreg.*) to dispose, arrange
distinguir (se) (*irreg.*) to distinguish (oneself)
distinto, -a (*adj.*) distinct, different
distraer (se) (*irreg.*) to amuse oneself, distract oneself
doble (*adj.*) double
docena dozen
doler (ue) to ache, pain
dolor *m.* pain
dominar to dominate, control, tame
don *m.;* **doña** *f.* titles of nobility used before a first name

doncella young woman
donde (*conj.*) where
  ¿adónde? (to) where?
  ¿dónde? where?
dormir (ue) to sleep
  dormirse to fall asleep
dormitorio bedroom
duda doubt
dueño, -a (*n.*) owner
dulce (*adj.*) sweet; (*n.*) *m.* candy
durante (*prep.*) during
durar to last
duro, -a (*adj.*) hard, rough
duro Spanish coin

E

e and (in place of *y* before a word
  beginning with *i, hi,* or *y*)
eco echo
echar to put out, throw out
edad *f.* age
educación *f.* education; manners
efecto effect, consequence
  en efecto really, in truth
ejemplo example
  por ejemplo for example
ejército army
él (*pron.*) he, him; it (object of a
  preposition)
elemento element
ella (*pron.*) she, her; it (object of a
  preposition)
ellos, -as (*pron.*) they, them
embarcar (qu) to embark
embargo (sin embargo) nevertheless,
  however
emoción *f.* emotion
empezar (ie, c) to begin
en (*prep.*) in, on, at, upon
encargar (gu) to put in charge, entrust
encargado, -a (*adj.*) (*p.p.*) entrusted
enamorar (se) (de) to fall in love (with)
encender (se) (ie) to be on fire
encerrar (ie) to lock up
encontrar (ue) to find, meet
  encontrarse con to meet

encorvar to curve, bend
encorvado, -a (*adj.*) (*p.p.*) bent,
  hunchback
enemigo, -a (*n.*) enemy
enfermar (se) to become ill
enfermo, -a (*adj.*) sick, ill
ensillar to saddle
entender (ie) to understand
entonces (*adv.*) then
  en aquel entonces at that time
entrada entrance
entrar (en) (a) to enter (into)
entre (*prep.*) among, between
entregar (gu) to deliver, hand over
enviar to send
envolver (ue) to wrap
envuelto, -a (*adj.*) (*p.p.*) wrapped
era, eran (ser) was, were
error *m.* error, mistake
escalera stairs
escapar (se) to escape
escena scene
escoger (j) to choose
escogido, -a (*adj.*) (*p.p.*) chosen
esconder to hide
escondido, -a (*adj.*) (*p.p.*) hidden
escondite *m.* hiding place
escribir to write
escrito (*adj.*) (*p.p.*) written
escuchar to listen to
escudo shield
ese, esa (*adj.*) that (near you)
  esos, esas those
ése, ésa, ésos, ésas (*pron.*) that one,
  those
eso that (in general)
  por eso therefore, that's why
espacio space
espada sword
espalda back, shoulder
  de espaldas with back turned
España Spain
español, -a (*adj.*) (*n.*) Spanish;
  Spaniard; Spanish man; Spanish
  woman
especial (*adj.*) special
  especialmente (*adv.*) especially
esperanza hope

esperar   to hope, wait (for), expect
espina   thorn, spine
espléndido, -a (*adj.*)   splendid
esplendor *m.*   splendor
esposa   wife
esposo   husband
esquina   corner
establo   stable
estar (*irreg.*)   to be
  estar bien   to be well
  estar de acuerdo   to agree
  estar para   to be about to
estatua   statue
este, esta (*adj.*)   this
  estos, estas   these
éste, ésta; éstos, éstas (*pron.*)   this
  one; these
este *m.*   east
Esteban   Stephen
estimular   to excite, stimulate
esto (*pron.*)   this
estocada   stab
estudiante *m. & f.*   student
estudiar   to study
estúpido, -a (*adj.*)   stupid
examinar   to examine
excelente (*adj.*)   excellent
excepción *f.*   exception
excepcional   exceptional
excepto (*adv.*)   except
excitar   to excite
excitado (*adj.*) (*p.p.*)   excited
exclamar   to exclaim
existir   to exist
explicación *f.*   explanation
explicar (qu)   to explain
expresar   to express
expresión *f.*   expression
expulsar   to expel, drive out
exquisito, -a (*adj.*)   exquisite
extranjero, -a (*adj.*)   foreign
extranjero, -a (*n.*)   foreigner, stranger
extrañar   to seem strange, to be
  surprising; to miss
  extrañarse   to be surprised, to
  wonder
extraño, -a (*adj.*)   strange
extraordinario, -a (*adj.*)   extraordinary

F

fácil (*adj.*)   easy
  fácilmente (*adv.*)   easily
falda   skirt
falta   lack
fama   fame
familia   family
famoso, -a (*adj.*)   famous
fantástico, -a (*adj.*)   fantastic
fatiga   fatigue
fatigado, -a (*adj.*) (*p.p.*)   fatigued, weary
favorito, -a (*adj.*)   favorite
fe *f.*   faith
felicidad *f.*   happiness
felicitar   to congratulate
feliz (*adj.*)   happy
fenicio, -a   Phoenician
feo, -a (*adj.*)   ugly
feria   fair
Fernando   Ferdinand
feroz (*adj.*)   fierce
fiar   to trust
  fiarse de   to place confidence in
fiel (*adj.*)   faithful
  fielmente (*adv.*)   faithfully
fiesta   festival, holiday, party
figura   figure
fijar   to fix, set
  fijarse en   to notice
fijo, -a (*adj.*)   fixed
fin *m.*   end
  al fin, por fin   finally
  al fin y al cabo   at last, after all
fino, -a (*adj.*)   fine
firmar   to sign
flecha   arrow
flor *f.*   flower
forma   form
formalmente (*adv.*)   formally
formar   to form
fortuna   fortune
francés, francesa (*adj.*) (*n.*)   French;
  Frenchman, French woman
Francia   France
frase *f.*   sentence, phrase
fresco, -a (*adj.*)   cool, fresh

fruta fruit
fuego fire
fuente *f.* source, fountain
fuera (*adv.*) out, outside
  fuera de sí beside himself, herself
fuerte (*adj.*) hard; loud; strong
fuerza force
fundar to found
furia fury
furioso, -a (*adj.*) furious

G

galope *m.* gallop
  a galope at a gallop
ganar to earn
garganta throat
gastar to spend
generosidad *f.* generosity
generoso, -a (*adj.*) generous
gente *f.* people
geográfico, -a (*adj.*) geographic
gesto gesture
gitano, -a (*n.*) (*adj.*) gypsy
gordo, -a (*adj.*) fat
gozar (c) (de) to enjoy
gozo pleasure
gracias thanks, thank you
granada pomegranate
grande, gran (*adj.*) large, great, big
gratitud *f.* gratitude
grave (*adj.*) grave, serious
  gravemente (*adv.*) gravely, seriously
griego, -a (*adj.*) (*n.*) Greek
gritar to shout
grito shout
grupo group
gruta large cave
guante *m.* glove
guapo, -a (*adj.*) handsome, good-
  looking
guardar to guard, keep
guerra war
  hacer (la) guerra to fight, wage war
guerrero, -a (*adj.*) warlike, fighting; (*n.*)
  warrior
guía *m. & f.* guide, leader

guiar to guide
gustar to be pleasing
gusto pleasure

H

haber (*irreg.*) (auxiliary verb) to have
  hay there is, are
  no hay como there's nothing like
habilidad *f.* ability
habitación *f.* room
habitante *m. & f.* inhabitant
habla española Spanish-speaking
hablar to speak
hacer (*irreg.*) to do, make
  hace (+ expression of time) ago
  hecho (*p.p.*) done, made
hacia (*prep.*) toward
hacienda farm, ranch
hallar to find
hambre *f.* hunger
  tener hambre to be hungry
harapo rag
hasta (*prep.*) until, up to
  hasta que (*conj.*) until
haz do (familiar command form of
  hacer)
hecho deed
herida wound
herir (ie, i) to wound
  herido, -a (*adj.*) (*p.p.*) wounded
hermano brother
  hermanito little brother
hermoso, -a (*adj.*) beautiful
hermosura beauty
hija daughter
hijo son
  hijos (*pl.*) sons, children
hilar to spin
historia history; story
hoja leaf
hombre *m.* man
honradez *f.* honesty, honor
honrar to honor
hora hour
horrorizado, -a (*adj.*) horrified

hospitalario, -a (*adj.*) hospitable
hoy *m.* today
  hoy día nowadays
huérfano, -a (*n.*) orphan
huésped *m.* guest
huir (y) to flee
  huyendo (*pres. p.*) fleeing
humilde (*adj.*) humble
humillado, -a (*adj.*) (*p.p.*) humiliated
humo smoke
hundir to sink, plunge

I

ibero, -a (*n.*) Iberian
idealista (*adj.*) idealistic
iglesia church
igual (*adj.*) equal, same
iluminar to light
imagen *f.* image
imaginación *f.* imagination
imaginar (se) to imagine
impedimento impediment, obstacle
impresionante (*adj.*) impressive
impresionar to impress
incendio fire
inclinación *f.* nod
inclinar (se) to bend (over), stoop
incomodidad *f.* inconvenience
inconsolable (*adj.*) inconsolable
  inconsolablemente (*adv.*)
  inconsolably
increíble (*adj.*) incredible
independiente (*adj.*) independent
indiano, -a (*adj.*) (*n.*) pertaining to the
  West or East Indies; Spaniard who
  returns to Spain after living in
  Spanish America
Indias (las) (The) Indies
indicación *f.* indication
indicar (qu) to indicate
indigno, -a (*adj.*) unworthy
industrioso, -a (*adj.*) industrious
inesperado, -a (*adj.*) unexpected
infeliz (*adj.*) unhappy
infinitivo infinitive

Inmaculada Concepción Immaculate
  Conception
inmediatamente (*adv.*) immediately
inmenso, -a (*adj.*) immense
inmóvil (*adj.*) immovable, motionless
insistir to insist
inspirar to inspire
instante *m.* instant
  al instante at once
inteligente (*adj.*) intelligent
intención *f.* intention
intentar to try, intend
interés *m.* interest
interesante (*adj.*) interesting
interesar (se) to interest, be interested
  in
interiormente (*adv.*) inwardly
inútil (*adj.*) useless
invadir to invade
invasión *f.* invasion
invitación *f.* invitation
invitar to invite
ir (*irreg.*) to go
  irse to go away
  fue he, she, it went
  fueron they went
  iba he, she, it was going
ira anger
Irlanda Ireland
isla island
Islas Baleares Balearic Islands

J

jabalí *m.* wild boar
jai-alai favorite game of Basque people
jardín *m.* garden
jardinero gardener
jefe *m.* chief, leader
jorobado, -a (*adj.*) hunchback
joven (*adj.*) young; (*n.*) young man,
  woman
joya jewel
joyería jeweler's shop
joyero jeweler
judío, -a (*adj.*) Jewish; (*n.*) Jew

110

juego game
juez *m.* judge
juguete *m.* toy
junto, -a (*adj.*) together
 junto a (*prep.*) next to, near
jurar to swear
justicia justice
justiciero one who vigorously upholds
 justice

K

kilómetro kilometer (about 0.62 of a
 mile)

L

la (*f. sing.*) the, her, it, you
 las (*f. pl.*) the, them, you
labio lip
labrador *m.* farmer
lado side
lago lake
lágrima tear
lamento lament
lanza lance
lanzar (se) to fling (oneself), throw
lápida stone slab
largo, -a (*adj.*) long
 a lo largo de along the length of
 larguísimo, -a (*adj.*) very long
lástima pity
 ¡qué lástima! what a pity!
le him, you, to him, to her, to it, to you

 les to them, to you
leal (*adj.*) loyal
leche *f.* milk
leer (*irreg.*) to read
lejos (*adv.*) far, far away
 lejos de (*prep.*) far from
lengua language; tongue
lentamente (*adv.*) slowly
levantar to raise
 levantarse to get up
ley *f.* law

leyenda legend
libertad *f.* liberty
libre (*adj.*) free
libro book
lienzo linen cloth; canvas
ligero, -a (*adj.*) slight, light
lindo, -a (*adj.*) pretty, beautiful
lino linen
listo, -a (*adj.*) ready, smart
literatura literature
lo him, it, you
 lo que what
loco, -a (*adj.*) crazy
lodo mud
los the (*m. pl.*), them
lucha struggle
luego (*adv.*) then, later
lugar *m.* place
lujoso, -a (*adj.*) luxurious
luz *f.* light

LL

llamar to call, name
 llamarse to be called, named
llegar (gu) to arrive
 al llegar upon (on) arriving
 llegar a ser to become
llenar (de) to fill
lleno, -a (*adj.*) full
llevar to take; carry; wear; put
llorar to weep, cry
llover (ue) to rain
 llover a cántaros to rain bucketsful

M

madeja skein
madona Madonna (a representation of
 Mary)
madre *f.* mother
maestro, -a *m. & f.* master; teacher
magnífico, -a (*adj.*) magnificent
mal *m.* evil
malo (mal), -a (*adj.*) bad
malla coat of mail

Mallorca largest of Balearic Islands
mallorquín Mallorcan
mandar to send, order
mandato mandate, order
manera manner, way
maniatar to tie the hands
mano *f.* hand
mantequilla butter
mañana (*adv.*) tomorrow; (*n.*) morning
mar *m.* sea
maravilla wonder, marvel
maravilloso, -a (*adj.*) marvelous
marcar (qu) to mark
marcha forward motion, march
  ponerse en marcha to set out, start
  to move
marchar to go, march
  marcharse to go away
marinero sailor
marqués marquis
martes *m.* Tuesday
más more, most
matar to kill
matrimonio marriage
mayor older, oldest, greater, greatest
me me, to me, myself
médico doctor
medicina medicine
medio means
  por medio de by means of
mediodía *m.* noon
meditación *f.* meditation
Mediterráneo Mediterranean Sea
mejor better, best
  a lo mejor probably
  lo mejor que pudo the best he could
menos (*prep.*) (*adv.*) except; less, least
mensajero messenger
mentira lie
mercado market
merecer (zc) to deserve, merit
mes *m.* month
mesa table
meseta plain
mezcla mixture
mezclar to mix
mi, mis (*adj.*) my

mí me (*obj. of a prep.*)
miedo fear
miembro member
mientras (que) while
  mientras tanto meanwhile
mil a thousand
milagro miracle
mío, -a, -os, -as (*poss. adj.*) my, of
mine
  el mío, la mía, los míos, las mías
  (*poss. pron.*) mine
mirada glance, look
mirar to look (at)
misa mass
misericordia mercy
misión *f.* mission
misionero, -a (*n.*) missionary
mismo, -a (*adj.*) same, self, very
misterio mystery
mitad *f.* half, middle
modo manner, way
  de otro modo otherwise
molesto, -a (*adj.*) bothered
momento moment
moneda money, coin
monje *m.* monk
montaña mountain
  montaña arriba up the mountain
montar to mount
monumento monument
moreno, -a (*adj.*) brown; brunette; dark
moribundo (*adj.*) dying
morir (se) (ue, u) to die
muerto, -a (*adj.*) (*p.p.*) dead, died
morisco, -a (*adj.*) Moorish
moro, -a (*adj.*) Moorish; (*n.*) Moor
mortal (*adj.*) fatal
mosca fly
mover (se) (ue) to move
muchacha girl
muchacho boy
mucho, -a (*adj.*) much
  lo mucho the great amount
  muchísimo, -a (*adj.*) very much
  muchos, -as (*pl.*) many
  mucho (*adv.*) much, a great deal
mudo, -a (*adj.*) (*n.*) mute

muerte *f.* death
mujer *f.* woman, wife
mundo world
músculo muscle
museo museum
música music
muy very

N

nacer (zc) to be born
nacimiento birth
nación *f.* nation
nada (*indefinite pron.*) nothing, not at all
  de nada you are welcome
  nada (with a negative) anything
nadie no one, nobody
  nadie (with a negative) anyone
nariz *f.* nose
narración *f.* narration, story
naturalmente (*adv.*) naturally
navegar (gu) to sail
Navidad *f.* Christmas
necesario, -a (*adj.*) necessary
necesidad *f.* necessity
necesitar to need, be necessary
negar (se) (ie, gu) to refuse, deny
negro, -a (*adj.*) black
nervio nerve
ni neither, nor, not even
niñez *f.* childhood
ningún, ninguno, -a (*adj.*) (*pron.*) no, none
niño boy, child
no (*adv.*) no, not
noble (*adj.*) noble, illustrious; *m.* (*n.*) nobleman
nobleza nobility
noche *f.* night, evening
  de noche at night
nombrar to name
nombre *m.* name
norte *m.* north
nos us, to us, ourselves
nosotros, -as we, us, ourselves (*obj. of a prep.*)

nota note
notar to notice, note
noticia piece of news, (*pl.*) news
novela novel
novio, -a (*n.*) sweetheart
nublar to cloud, to darken
  nublarse to grow cloudy
nuestro, -a (*adj.*) our, ours
nuevo, -a (*adj.*) new
  de nuevo again
Nuevo Mundo Western Hemisphere, New World
numéricamente (*adv.*) numerically
nunca (*adv.*) never

O

o or
obedecer (zc) to obey
obra work
  obra maestra masterpiece
observar to observe
ocasión *f.* occasion
ocupar (se) to occupy, occupy oneself
ocurrir to occur
odio hatred
ofrecer (zc) to offer
oído (inner) ear
oír (*irreg.*) to hear
ojo eye
olvidar to forget
onza ounce
oportunidad *f.* opportunity
opuesto, -a (*adj.*) (*p.p.*) opposite, opposed
orden *f.* order, command
ordenar to order, to put in order, arrange
orgullo pride
  orgulloso, -a (*adj.*) proud
oriental (*adj.*) oriental, eastern
origen *m.* origen
orilla shore, bank; edge
oro gold
oscuridad *f.* darkness
oscuro, -a (*adj.*) dark
otoño fall, autumn

P

otro, -a (*adj.*) other, another
  otra vez again
oveja sheep
oyente *m. & f.* hearer

padrastro stepfather
padre *m.* father; priest
  padres parents, priests
pagar (gu) to pay
país *m.* country
palabra word
palacio palace
pálido, -a (*adj.*) pale
pan *m.* bread
panadero baker
par *m.* pair, couple
para to, for, in order to, for the
  purpose of
paralizado, -a (*adj.*) paralyzed
parapeto parapet
parar (se) to stop; stand
parecer (zc) to seem
  parecerse a to resemble, look like
pared *f.* wall
pareja couple, pair
pariente *m. & f.* relative (of the family)
parte *f.* part
partir to leave, depart
pasado, -a (*adj.*) (*p.p.*) past, last
pasar to pass; to go in; spend (time);
  happen, take place
pasear (se) to walk, take a walk
paso step
  paso franco open up
pastor *m.* shepherd
patria native country
patrón *m.* owner, master
paz *f.* peace
pecho chest, breast
pedazo piece
pedir (i) to ask (for), request
pegar (gu) to hit, beat
pelear to fight
peligro danger

península peninsula
pensamiento thought
pequeño, -a (*adj.*) small
pera pear
perder (ie) to lose
  perderse (ie) to be lost
perdón *m.* pardon
pereza laziness
perezoso, -a (*adj.*) lazy
pergamino parchment
período period (of time)
permanecer (zc) to remain
permiso permission
permitir to permit
pero (*adv.*) but
perseguir (i) to pursue
persona person
personaje *m.* personage
pertenecer (zc) to belong
perro dog
pesar to weigh
  a pesar de in spite of, even though
pescador *m.* fisherman
petición *f.* petition, request
picaresco, -a (*adj.*) picaresque, roguish
pícaro, -a (*adj.*) roguish; (*n.*) rogue,
  rascal
pie *m.* foot
piedra stone
pierna leg
pieza piece
pintar to paint
pintor *m.* painter
pintura painting
pirata *m.* pirate
piratería piracy
pisada footstep
placer *m.* pleasure
plano plan
plantar to plant
plata silver
platicador, -a (*adj.*) talkative; (*n.*) talker
platicar (qu) to talk, chat
plato dish, plate (of food)
playa beach
pleno, -a (*adj.*) full, complete
pobre (*adj.*) poor

pobremente (*adv.*)   poorly
pobreza   poverty
poco, -a (*adj.*)   little (in amount)
  poco a poco   little by little
  pocos, -as   few
poder (*irreg.*)   to be able, can, may
  no pudo menos que   couldn't help but
poner (*irreg.*)   to put, place
  ponerse   to put on; become; place oneself
  ponerse a + inf.   to begin
  ponerse en camino   to set out
  ponerse en marcha   to set out
por   by, for, through, along, during, for the sake of
  por eso   therefore, that's why
  por supuesto   of course
porque   because
¿por qué?   why?
posible (*adj.*)   possible
posición *f.*   position
Prado   art museum in Madrid
precio   price
precioso, -a (*adj.*)   precious, valuable
precisamente (*adv.*)   exactly, precisely
preferir (ie)   to prefer
pregunta   question
preguntar   to ask
premiar   to reward
preparar   to prepare
presentar   to present, introduce
  presentarse   to present oneself
preso   prisoner
prestar   to lend
prevenido, -a (*adj.*) (*p.p.*)   warned
primero (primer), -a (*adj.*)   first
primitivo, -a (*adj.*)   primitive, original
princesa   princess
  princesita   little princess
principal (*adj.*)   principal, main
príncipe *m.*   prince
principio   beginning
  a principios   at the beginning
prisa   haste
  de prisa   hurriedly, quickly
prisionero   prisoner

probar (ue)   to prove, try
proclamar   to proclaim
producir (zc)   to produce
profesor *m.*   professor
profundo, -a (*adj.*)   deep, profound
prometer   to promise
prominente (*adj.*)   prominent
pronto (*adv.*)   soon, right away
  de pronto   suddenly
pronunciar   to pronounce
propio, -a (*adj.*)   own
proponer (*irreg.*)   to propose, suggest
proteger (se) (j)   to protect
provincia   province
providencial (*adj.*)   providential
próximo, -a (*adj.*)   next
publicar (qu)   to publish
pueblo   town, people
puente *m.*   bridge
puerco   pig
puerta   door, entrance
pues   for, well, then, since
  pues bien   very well, well then
puesta de sol   sunset
puntualmente (*adv.*)   punctually
puñal *m.*   dagger
puñalada   stab
puro, -a (*adj.*)   pure

Q

que   that, which, who, whom, than
  lo que   what, that which
¿qué?   what?, which?
  ¿para qué?   why?, for what purpose?
  ¿por qué?   why?, for what reason
¡qué!   what!, how!
  ¡que un buen viento le acompañe!   may a good wind accompany you
  ¡que Dios bendiga . . .!   may God bless . . .!
quedar (se)   to be, remain
quejarse   to complain
quemar (se)   to burn (up)
querer (*irreg.*)   to want, wish, like, love

querer decir to mean
querido, -a (*adj.*) beloved, dear
quien who, whom
¿quién? who?, whom?
quitar (se) to take away, off, from

R

ramillete *m.* bouquet
rápidamente (*adv.*) rapidly
rapidez *f.* rapidity
raro, -a (*adj.*) rare, strange
rato short time, while
raza race
razón *f.* reason
   tener razón to be right
realizar (c) to carry out, fulfill
recepción *f.* reception
recibir to receive
recién (*adv.*) recently, newly
recio, -a (*adj.*) heavy, coarse
recobrar to recover
recoger (j) to pick up, catch
reconocer (zc) to recognize
reconquista reconquest
reconstruir (uy) to reconstruct
recordar (ue) to remember
recto, -a (*adj.*) straight
recuerdo remembrance, souvenir
redondo, -a (*adj.*) round
reflejo reflection
regalar to give, present as a gift
regalo gift
regla rule
regresar to return
reina queen
reinado reign, kingdom
reír (i) to laugh
   reírse de to laugh at
relación *f.* relation
relámpago lightning flash
relampaguear to emit flashes of
   lightning
relampagueo lightning
religión *f.* religion

religioso, -a (*adj.*) religious
relucir (zc) to shine
remiendos patches
repente (de repente) suddenly
repetir (i) to repeat
replicar (qu) to reply
representante *m. & f.* representative
reprochar to reproach
   reprocharse to reproach oneself
rescate *m.* ransom
resolver (ue) to resolve
resuelto, -a (*adj.*) (*p.p.*) resolved
respeto respect
responder to respond
respuesta reply
resto remainder, rest
retirar (se) to withdraw
reunión *f.* reunion, meeting
reunir (se) to unite, reunite
rey *m.* king
   Reyes Magos Wise Men
rico, -a (*adj.*) rich
   ricamente (*adv.*) richly
riesgo risk
río river
rival *m.* rival
robar to steal, rob
roble *m.* oak tree
robo (*n.*) theft, robbery
roca rock
romano, -a (*adj.*) (*n.*) Roman
romper to break
   roto, -a (*adj.*) (*p.p.*) broken
ronda patrol
rosa rose
rosario rosary
ruido noise
ruina ruin
ruta route

S

saber (*irreg.*) to know, know how,
   learn
sacar (qu) to take out, stick out
sacrificar (se) (qu) to sacrifice
sagrado, -a (*adj.*) sacred

salir (*irreg.*) to leave, come (go) out
  sal de aquí get out of here
salón *m.* large room
saltón (*adj.*) protruding
salud *f.* health
saludar to greet
salvar (se) to save (oneself)
salvador, -a (*adj.*) safe; (*n.*) savior
sangre *f.* blood
sangriento, -a (*adj.*) bloody, bleeding
Santiago Saint James, patron saint of Spain
santo, -a (*adj.*) holy; (*n.*) saint
satisfacer (*irreg.*) to satisfy
satisfecho, -a (*adj.*) (*p.p.*) satisfied
satánico, -a (*adj.*) diabolic, satanic
se oneself, one, to him, to her, to you, to them
seco, -a (*adj.*) dry, dried
secretamente (*adv.*) secretly
secreto secret
sed *f.* thirst
  tener sed to be thirsty
sagrado, -a (*adj.*) sacred
sano, -a (*adj.*) healthy, sane
seguida, en at once, immediately
seguir (i) (*irreg.*) to follow, continue
según according to, as
segundo, -a (*adj.*) second
seguro, -a (*adj.*) sure, safe
semana week
sencillo, -a (*adj.*) simple
sentar (se) (ie) to sit down
sentir (ie, i) to feel, be sorry
señor (*abbrev.* **Sr.**) sir, Mr., gentleman
señora (*abbrev.* **Sra.**) lady, Mrs., madam
señorita (*abbrev.* **Srta.**) Miss, young lady
ser (*irreg.*) to be
serio, -a (*adj.*) serious
  muy en serio very seriously
Serra, Junípero (1713–1784) Spanish missionary who founded missions in California.
servilleta napkin
servir (i) to serve
  servir de to serve as

severo, -a (*adj.*) severe
si if, whether
sí yes
sí (*pron.*) himself, herself, itself, yourself, yourselves, themselves (*object of a prep.*)
siempre (*adv.*) always, forever
siglo century
significar (qu) to mean, signify
siguiente (*adj.*) following, next
  al día siguiente on the following day
sílabas syllables
silenciosamente (*adv.*) silently
sin without
  sin embargo nevertheless, however
sincero, -a (*adj.*) sincere
sino but (on the contrary)
situación *f.* situation
situar to locate, place
sobre (*prep.*) (up) on, about
sobrepasar to surpass
sobresalir (*irreg.*) to be outstanding, excel
sobrina niece
sobrino nephew
socorro help
sol *m.* sun
soldado soldier
soledad *f.* solitude
solemne (*adj.*) solemn
solitario, -a (*adj.*) solitary
solo, -a (*adj.*) alone, single
sólo (solamente) (*adv.*) only, just
soltar (ue) to free, let go of, loosen
solución *f.* solution
sonar (ue) to sound, ring
sonido sound
soñar (ue) to dream
sonrisa smile
soportar to support, bear
sorprender (se) to surprise, be surprised
sorpresa surprise
sospechar to suspect
su (s) his, her, your (*de Ud. or de Uds.*), their
suave (*adj.*) soft, smooth

subir (a) to go up, climb
suceder to happen
sucesor *m.* successor
suelo floor, earth, ground
suerte *f.* luck
suficiente (*adj.*) sufficient
sufrimiento suffering
sufrir to suffer
sujetar to control, subject
sur *m.* south
suroeste *m.* southwest
suyo, -a, -os, -as his, hers, yours, theirs

T

tal (*adj.*) such
  tal vez perhaps
talento talent
también also, too
tampoco (*adv.*) either, neither, nor
tan so, as
  tan . . . como as . . . as
tango South American dance
tanto, -a (*adj.*) as much, so much
  tantos, -as as many, so many; (*adv.*) as much, so much
tarde (*adv.*) late
  más tarde later
tarde *f.* afternoon
te you, to you, yourself
tela cloth
telaraña spider's web
temer to fear
temor *m.* fear
templo temple, church
temprano (*adj.*) (*adv.*) early
tender (*irreg.*) to stretch out
tener (*irreg.*) to have
  tener miedo to be afraid
  tener que to have to
  tener que ver con to have (something) to do with
tercero, -a (*adj.*) third
terminación *f.* ending
terminar to finish, end
tesoro treasure

testigo witness
ti you
tía aunt
tiempo time (period of time), weather
tienda tent; store
tiernamente (*adv.*) tenderly
tierra land
título title
tocar (qu) to touch; play (an instrument)
todavía (*adv.*) still, yet
todo (*n.*) all, everything
  todo, -a (*adj.*) all, every
  todo el mundo everybody
  todos los días every day
tolerante (*adj.*) tolerant
tomar to take, eat, drink
tono tone
tontería foolishness, nonsense
torcer (*irreg.*) to twist
torre *f.* tower
torturar to torture
trabajador, -a (*n.*) (*adj.*) worker
trabajar to work
trabajo work
traer (*irreg.*) to bring
  trajeron they brought
tragedia tragedy
traición *f.* treason
traicionar to betray
traidor *m.* traitor
tras (*prep.*) after, behind
tratado treaty
tratar to try; treat, deal with
  tratar de to try
tribu *f.* tribe
triste (*adj.*) sad
  tristemente (*adv.*) sadly
tristeza sadness, sorrow
tronar (ue) to thunder
tropa troop
tu (s) your
tú you
tumbar to knock off, tear down
túnica tunic, robe
turbante *m.* turban, an Oriental head covering
turbar to disturb

U

último, -a (*adj.*)   last
único, -a (*adj.*)   only, unique
universidad *f.*   university
universitario, -a (*adj.*)   pertaining to a
   university
uno (un), -a   a, an, one
   unos, unas   some, a few
urgencia   urgency
usar   to use
usted (es) (*abbrev.* **Ud., Uds., Vd.,
   Vds.**)   you

V

vacilar   to hesitate
valer (*irreg.*)   to be worth
valeroso, -a (*adj.*)   brave
valiente (*adj.*)   brave
valor *m.*   value, courage
vano, -a (*adj.*)   vain
variedad *f.*   variety
variado, -a (*adj.*)   varied
varios, -as (*adj.*)   various, several
vasco, -a (*adj.*) (*n.*)   Basque
vascongado, -a (*adj.*)   Basque
vecino, -a (*n.*)   neighbor; (*adj.*)
   neighboring
velocidad *f.*   velocity, speed
   a toda velocidad   at full speed
vena   vein
vencer (z)   to conquer
vendar   to bandage
vender   to sell
venganza   vengeance
venir (*irreg.*)   to come
   ven (familiar command)   come
ventana   window
ver (*irreg.*)   to see
   verse   to be seen
verdad *f.*   truth
verdadero, -a (*adj.*)   true, real
verde (*adj.*)   green
vergüenza   shame, embarrassment
vestido, -a (*adj.*)   dressed
   vestido de   dressed in, as

vestido (n.)   dress
   vestidos   clothes
vestir (i)   to dress, wear
   vestirse   to dress oneself
vez *f.*   time
   a la (una) vez   at the same time
   a veces   sometimes
   en vez de   instead of
   tal vez   perhaps
   una vez   again
viajar   to travel
viaje *m.*   trip, voyage
viajero, -a (*n.*)   traveler
víctima *f.*   victim
vida   life
viejo, -a (*adj.*)   old; (*n.*) old man, old
   woman
viejecillo, -a, viejecito, -a, viejito, -a
   (*n.*)   little old man, woman
viento   wind
vigilancia   vigilance
visigodo, -a (*n.*)   Visigoth
virgen *f.*   virgin
virtud *f.*   virtue
visita   visit
visitar   to visit
viuda   widow
vivir   to live
volar (ue)   to fly
voltear   to turn
voluntad *f.*   will, desire
volver (ue)   to return
   volver a (+inf.)   to . . . again
   volverse   to become, turn around
   vuelto (*p.p.*)   returned
voto   vow
voz *f.*   voice
   en voz alta   in a loud voice
   en voz baja   in a soft voice
vuelta   turn, return

Y

y   and
ya   already, now, yet
yerno   son-in-law
yo   I

z

zapatería   shoe store, shoe shop
zapatero   shoemaker
zapato   shoe
  zapatito   little shoe

NTC SPANISH CULTURAL AND LITERARY TEXTS AND MATERIAL

Contemporary Life and Culture
"En directo" desde España
Cartas de España
Voces de Puerto Rico
The Andean Region

Contemporary Culture—in English
Getting to Know Mexico
Getting to Know Spain
Spain: Its People and Culture
Welcome to Spain
Life in a Spanish Town
Life in a Mexican Town
Spanish Sign Language
Looking at Spain Series

Cross-Cultural Awareness
Encuentros culturales
The Hispanic Way
The Spanish-Speaking World

Legends and History
Leyendas latinoamericanas
Leyendas de Puerto Rico
Leyendas de España
Leyendas mexicanas

Dos aventureros: De Soto y Coronado
Muchas facetas de México
Una mirada a España
Relatos latinoamericanos

Literary Adaptations
Don Quijote de la Mancha
El Cid
La Gitanilla
Tres novelas españolas
Dos novelas picarescas
Tres novelas latinoamericanas
Joyas de lectura
Cuentos de hoy
Lazarillo de Tormes
La Celestina
El Conde Lucanor
El burlador de Sevilla
Fuenteovejuna
Aventuras del ingenioso hidalgo Don Quijote de la Mancha

Civilization and Culture
Perspectivas culturales de España, 2nd edition
Perspectivas culturales de Hispanoamérica, 2nd edition
Panorama de la prensa

For further information or a current catalog, write:
National Textbook Company
a division of NTC Publishing Group
4255 West Touhy Avenue
Lincolnwood, Illinois 60646–1975 U.S.A.